艺术体育
高校学术研究论著丛刊

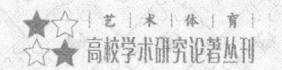

体操学练理论与方法指导

熊　俊　著

中国书籍出版社
China Book Press

图书在版编目(CIP)数据

体操学练理论与方法指导 / 熊俊著. -- 北京：中国书籍出版社，2022.8
ISBN 978-7-5068-9151-6

Ⅰ.①体… Ⅱ.①熊… Ⅲ.①体操－运动训练－教学研究 Ⅳ.①G830.2

中国版本图书馆 CIP 数据核字(2022)第 157282 号

体操学练理论与方法指导

熊 俊 著

丛书策划	谭 鹏 武 斌
责任编辑	杨铠瑞
责任印制	孙马飞 马 芝
封面设计	东方美迪
出版发行	中国书籍出版社
地 址	北京市丰台区三路居路 97 号(邮编：100073)
电 话	(010)52257143(总编室) (010)52257140(发行部)
电子邮箱	eo@chinabp.com.cn
经 销	全国新华书店
印 厂	三河市德贤弘印务有限公司
开 本	710 毫米×1000 毫米 1/16
字 数	226 千字
印 张	14.25
版 次	2023 年 3 月第 1 版
印 次	2023 年 5 月第 2 次印刷
书 号	ISBN 978-7-5068-9151-6
定 价	86.00 元

版权所有 翻印必究

目 录

第一章 体操教学与训练的学科理论基础 ……………………………… 1
    第一节 运动生理学基础 ……………………………………………… 1
    第二节 运动心理学基础 ……………………………………………… 5
    第三节 运动训练学基础 ……………………………………………… 17

第二章 体操教学理论与方法指导 ………………………………………… 27
    第一节 体操教学目标与任务 ………………………………………… 27
    第二节 体操教学原则与方法 ………………………………………… 28
    第三节 体操教学模式的设计 ………………………………………… 35
    第四节 体操教学效果的评价 ………………………………………… 40

第三章 体操训练理论与方法指导 ………………………………………… 42
    第一节 体操训练的科学原理 ………………………………………… 42
    第二节 体操训练的原则与方法 ……………………………………… 44
    第三节 体操训练计划的制订 ………………………………………… 57

第四章 体操学练的安全与保障指导 ……………………………………… 72
    第一节 运动疲劳与恢复措施 ………………………………………… 72
    第二节 营养补充与建议 ……………………………………………… 82
    第三节 运动伤病与处理 ……………………………………………… 92

第五章 体操体能素质训练指导 …………………………………………… 100
    第一节 体能素质训练的意义 ………………………………………… 100
    第二节 影响人体体能素质的因素 …………………………………… 103

第三节　基础体能训练 ………………………………… 106
　　第四节　体操专项体能训练 …………………………… 143

第六章　竞技体操学练指导 ………………………………… 147
　　第一节　自由体操学练 ………………………………… 147
　　第二节　鞍马学练 ……………………………………… 150
　　第三节　吊环学练 ……………………………………… 156
　　第四节　双杠学练 ……………………………………… 160
　　第五节　单杠学练 ……………………………………… 162
　　第六节　跳马学练 ……………………………………… 164
　　第七节　高低杠学练 …………………………………… 167
　　第八节　平衡木学练 …………………………………… 174

第七章　艺术体操学练指导 ………………………………… 179
　　第一节　艺术体操基本动作学练 ……………………… 179
　　第二节　艺术体操难度动作训练 ……………………… 188
　　第三节　轻器械艺术体操学练 ………………………… 204

第八章　体操拓展项目学练指导 …………………………… 207
　　第一节　蹦床学练 ……………………………………… 207
　　第二节　大众体操学练 ………………………………… 211

参考文献 …………………………………………………………… 219

第一章 体操教学与训练的学科理论基础

任何运动项目的训练,从选拔运动员组成训练实体开始,也就是把教练员同运动员组成一个新的训练系统之前,就必须有一个经过严密科学论证的、具有先进性的学科理论和训练方案。体操训练也不例外。

第一节 运动生理学基础

一、运动的能量来源

在运动过程中完成身体练习需要基本的力量投入,而力量又源于能量支撑。不管是日常锻炼、运动训练还是参加比赛,只要是身体活动,就都必须具备充足的能量,这是先决条件。人体活动所需能量主要通过三种方式供应,分别是磷酸原系统(ATP-PC)供能、糖酵解系统供能和有氧系统供能,如图1-1所示。

(一)磷酸原系统(ATP-PC)

由于只有少部分的三磷酸腺苷储存在骨骼肌中,当运动强度很大时,骨骼肌中的能量在很短时间内就会完全消耗完,磷酸肌酸也会快速下降到原来的一半左右,若运动强度极大,则可能会完全消耗机体能量。

在运动开始后前2秒内,磷酸肌酸供应的三磷酸腺苷最多,到第10秒时供应能力下降一半,到第30秒,供应能力越来越弱。当磷酸肌酸分解三磷酸腺苷的量变少,供能能力下降时,糖酵解系统供能的作用逐渐凸显。

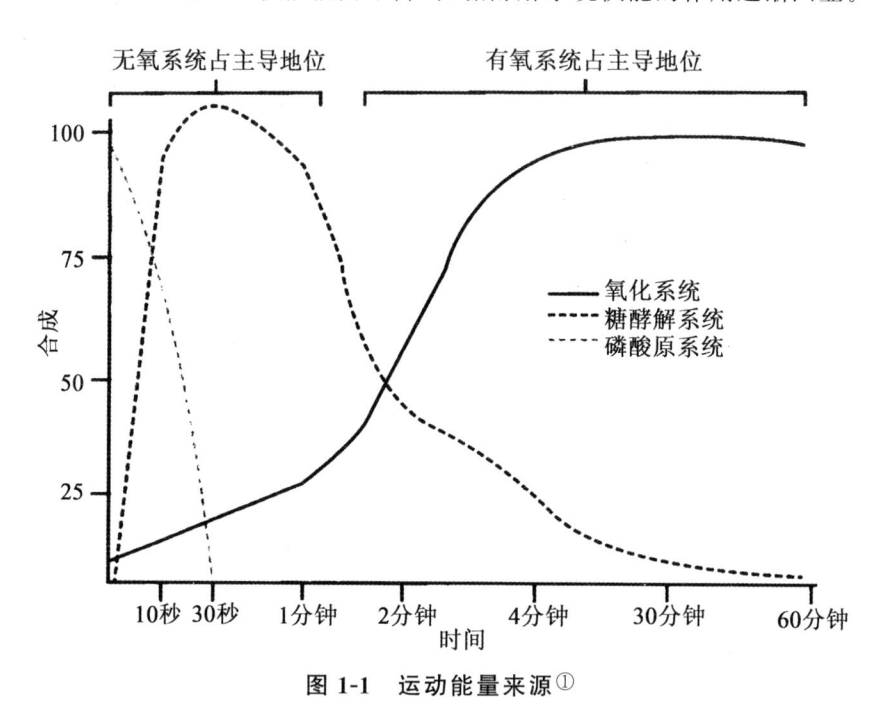

图1-1 运动能量来源[①]

在运动强度达到极限(短时间极限运动)的训练中,能量主要来源于磷酸原系统。磷酸原系统为机体供应能量的同时也在快速补充能量(三磷酸腺苷和磷酸肌酸),恢复供能能力。一般情况下,三磷酸腺苷在运动后半分钟就能恢复一半以上,运动后5分钟左右可以完全恢复。相对来说,磷酸肌酸的恢复时间比三磷酸腺苷要长,一般完全恢复需要8分钟。有氧代谢是磷酸原系统恢复供能能力的主要方式,此外,部分储备的恢复主要来源于糖酵解系统。

(二)糖酵解系统

在很多运动中,运动者机体所需能量均来源于糖酵解系统,糖酵解

---

① 杨桦,李宗浩,池建.运动训练学导论[M].北京:北京体育大学出版社,2007.

第一章 体操教学与训练的学科理论基础

系统持续的时间比磷酸原系统长一些。利用血糖和肌糖原生成三磷酸腺苷是糖酵解系统供能的主要方式。在运动初始阶段,糖酵解系统的供能方式是通过快速糖酵解来供给三磷酸腺苷,当运动时间持续两分钟后,糖酵解系统的供能方式是通过慢速糖酵解来供给三磷酸腺苷。快速糖酵解会生成乳酸,进而向乳酸盐转化。当糖酵解反应快速发生时,会影响机体将乳酸向乳酸盐转化的能力,这样就会使体内堆积乳酸,造成疲劳,影响运动顺利进行。在高强度、重复多、间歇短的运动中常常出现乳酸堆积的现象,这就对能量供给的速度提出了较高的要求。

运动持续一定时间后,快速糖酵解供应三磷酸腺苷转变为慢速糖酵解供应三磷酸腺苷。理论上而言,为了控制乳酸堆积,要适当降低运动强度,控制糖原和葡萄糖分解速度,机体适当缓冲由乳酸向乳酸盐转化的过程,促进丙酮酸的形成,而后进入线粒体的丙酮酸在氧化代谢中发挥重要作用。乳酸生成乳酸盐后,部分进入肝脏向葡萄糖转化,部分进入活性组织内(骨骼肌和心肌等)向丙酸酮转化,然后在氧化代谢中发挥作用。

运动者膳食中糖的含量直接关系着机体内糖原的可利用量。如果膳食中糖的含量少,就会减少机体储备的肌糖原的含量,从而对运动者的运动能力造成影响。在体操训练中,运动强度和运动持续时间决定了运动者需要使用的糖原量。糖原在肝脏、肌肉中的储备量会受到运动性质、运动方式以及运动时间的影响。所以在体操训练中,关于糖原再合成的问题尤其是合成的时间问题是指导者和参与者都要重点关注的问题。如果参与者体内肌糖原消耗后补充不及时,就会严重削弱身体活动能力,影响肌肉机能,使肌肉无法正常工作。

当一次训练课结束后,通常需要一天左右的时间才能完全恢复肌糖原。若训练中发生肌肉损伤,或训练结束后膳食中缺少必需的糖,那么肌糖原需要更长的时间才能恢复。

(三)有氧供能系统

有氧供能系统也是利用肌糖原和血糖生成三磷酸腺苷来供应能量的,这是其与糖酵解系统相似的地方。不同的是,糖酵解系统在无氧状态下供能,而有氧供能系统是在有氧状态下供能。有氧供能系统利用糖原和葡萄糖分解供能,但糖原分解不会产生乳酸,这也是其与快速糖酵解系统不同的地方。另外,有氧供能系统除了通过糖原分解供能外,还能利用蛋白质、脂肪生成三磷酸腺苷来供能。运动者在休息时,脂肪氧化反应为有氧供能系统提供的三磷酸腺苷占70%,碳水化合物氧化反应为有氧供能系统提供的三磷酸腺苷占剩余30%,从而促进有氧供能系统中三磷酸腺苷的快速恢复。在以有氧供能为主的运动中,运动强度决定了能量的利用。如果运动强度低,那么机体所需能量主要从脂肪和部分糖的有氧氧化中获得。在较大强度的运动中,糖原消耗增加,糖的有氧氧化产生的三磷酸腺苷成为机体活动的主要能量来源。

二、运动适应

体操训练具有组织性、计划性,它既是身体体能活动,也是心理挑战活动,在训练过程中以一定的运动负荷去刺激身体和心理,使身心产生应激反应。在大自然中,生物物种要适应生存环境,不适应的终将被淘汰。在运动领域也一样,运动者在运动过程中要不断适应运动负荷,提高身心适应能力。倘若随着运动负荷和运动环境的不断变化,运动者的身心无法适应新的刺激,那么就容易造成运动疲劳、运动损伤,预期的运动目标和运动任务就很难完成。

在长期反复的运动实践中,随着运动负荷的变化和运动刺激的增加,运动者身心所产生的所有应激反应反映了身心的适应过程。运动者根据运动目的和需要而进行身体活动,在活动过程中运动负荷、运动频率的调整和变化会在一定程度上改变机体结构,产生运动生理反应,运动者只有不断适应新异刺激,才能逐渐提高体能活动能力,也才能逐渐提高心理挑战能力。如果运动负荷太小或长期没有变化,那么生理变化就不会发生,就谈不上运动适应。相反,如果长期采用超过运动者承受能力的运动负荷去刺激身心,就容易造成过度疲劳和运动损伤。

体操训练中采用的训练方法直接关系着机体的适应情况,在设计和选用训练方法时,要对运动需要、运动技能、主导能量系统的功率予以充分考虑。训练项目的生理难度和心理难度、项目的技术复杂度决定了运动者达到高度适应所需要的时间。训练项目难度和复杂程度越大,人体就需要越长的时间才能达到高度适应。

在训练中要循序渐进地调整训练刺激,逐步增加,促进身体机能和身体活动能力不断提高,使身心达到高度适应的水平。所以在训练中精心制订训练计划非常关键,只有按照科学计划循序开展训练工作,逐步提升刺激,才能引起身心的积极适应,取得良好的训练效果。

第二节 运动心理学基础

运动心理学是一门研究在体育运动中个体心理活动的特点和规律的心理学学科,对于体育运动项目而言,运动员都必须要学习和掌握相关的心理学理论,具备良好的心理素质。心理学学科发展迅速,尤其是在竞技体育领域,这一门学科理论受到广泛的重视。

运动心理学在各类体育运动中受到普遍重视,其任务主要体现在以下几个方面。

(1)研究运动员在训练和比赛中的心理过程特点与规律,以及运动员自身的个性差异与比赛成绩的关系。

(2)研究运动员的心理过程、个性特点对自身发展产生哪些影响。

(3)研究运动员运动技能的形成与发展,运动技能的形成与心理学规律。如通过什么样的训练手段能帮助运动员快速地提高运动技能。

(4)运动心理学还研究在比赛过程中运动员的心理状态。

一、运动训练的心理学理论

(一)心理定向理论

人在运动前的心理准备状态和运动中的注意指向就是所谓的运动心理定向。在体操运动中,参与者的行为很大程度上受到其心理定向的影响,最终对训练成绩和效果产生影响。我们要以平常心面对训练,运动员也要以平常心态参与运动训练和比赛。要将注意力集中在过程上而非结果上。只有过程令人满意,结果才不会太影响人的心情。训练中参与者的心理素质、精神、意志、人格往往比结果更受他人的关注。

训练场上形势无非有三种,分别是势均力敌、敌强我弱、我强敌弱。在对抗过程中,参与者在当前处境下要对过去掌握的知识和技能加以回忆和运用,为后面的结果做最大的努力。可见,在训练过程中要将过去、现在和未来三种时间状态紧紧联系起来。如果人们在竞争中瞻前顾后,心理能量的消耗速度就会加快,从而对最终的结果产生影响。如果参与者思想上总想着如果输了怎么办,这种思想负担会增加其心理压力,使其对结果的期待变成害怕和担心,从而影响其在竞争中的表现,最终结果也难以令人满意。

因此,平常心才是训练中正常的心理定向。在参与训练项目的过程中要以集体为主,充分发挥自己的体能和技能,表现出良好的心理素质,将注意力集中在过程中,不要过多去想最后的结果,这样才有利于产生良好的效果,才能完成挑战或克敌制胜。

(二)态度理论

态度也是一种心理定向,它产生于主体对某一对象的认知、评价和价值判断中。从这一点来看,态度的构成要素包括意向、认知、评价和情感等。态度这种心理定向既可以针对人,也可以针对物,甚至针对不确定的对象。认知是态度理论中最基础的因素,认知对意向、行为有重要影响。评价与情感是态度理论中最核心的要素,意向的产生离不开情感和评价。一个人的情感反应直接体现在个人态度中,态度是情感的最终表现形式。

(三)目标设定理论

体操训练的目标是带有一定强度的,是方向明确的,是组织者从参与者的实际情况出发而制定的具有针对性和倾向性的特定行为标准。在体操训练中要重视目标设定理论,要设定现实的、具体的、明确的且带有适当难度和挑战性的训练目标。

训练目标设定得是否恰当、合理,直接关系着能否将参与者的身心能量激发出来,能否激起参与者挑战的激情,能否使参与者充满自信地接受挑战。

(四)归因理论

归因理论主要指个体出于何种原因而产生这样或那样的心理活动。在心理学中,归因理论是一个非常重要的构成要素,而归因理论的构成要素又包括心理活动的归因、行为归因、预测个体未来行为等。归因理论的主要观点是,从个体的外在行为表现出发而推测其心理活动,从个体以往的行为表现出发而预测其今后在熟悉与不熟悉的情境下分别会产生什么样的行为。归因的出发点是外部行为特征,在此基础上推断和解释与外部行为对应的心理活动,从而了解个体出于什么样的心理而做出这样的行为。这个过程既包括对行为表现的分析,也包括对心理活动的推测,同时还包括对产生该行为的原因的解释。

(五)社会学习理论

社会学习理论是心理学理论的重要组成部分之一,该理论主要指的是个体先从其他社会个体中找到自己的榜样,从而不断学习,使自己的能力逐渐向榜样靠近。可见,社会学习理论的指导性较强,个体在科学指导下对榜样的行为、经验进行效仿与学习,在长期学习和不断努力中取得像榜样一样的成绩。这充分说明社会学习理论认可这样一个观点,即各种成功的行为都有可能从社会个体身上再次发生。

社会学习理论在体操训练中具有重要的理论指导作用。在社会学习理论的科学指导下组织开展运动训练有助于使参与者获得更多的收获,提升参与者的自我效能感。

下面从两个方面来进一步理解社会学习理论的指导性。

1. 观察学习

个体学习过程可分为直接经验学习和间接经验学习。直接经验学习是指个体通过具体的实践来获得知识和经验。而间接经验学习大多是通过个体观察和口头传授的方式来获得知识和经验。间接经验学习比直接经验学习更加迅速和便捷。

观察学习是间接经验学习的重要手段之一,可以有效提高学习效率,并能够及时在学习过程和人际交往中获得有效的知识和经验。明确的学习目标还可以提高学生的注意水平,使人的心理和行为都集中在完成学习任务上。在合理目标的指引下,可以培养人们不畏困难和挫折的坚毅品质,使人在困境中依然保持对学习的清醒认识,继续朝预定目标努力。

2. 自我效能感

在社会学习理论中常常会提到自我效能感这个概念。它不是指个体技能水平的高低,而是指个体对自身技能的主观认识。当个体参与训练,面对具有一定挑战性的训练任务时,相信自己的能力可以完成任务,这种自信就是自我效能感的体现。自信是人们参与体操训练和完成训练任务的基础条件。个体只有对自己有信心,相信自己可以完成任务,达到目标,才能以更加积极、自信的态度参与整个过程,最终才有可能顺利完成挑战,实现预期目标。

二、运动中的情绪

情绪是指人体一系列的主观认知经验,在一定程度上反映了个体愿望与个体需要。

(一)情绪的几个层面

美国著名心理学家伊扎德将情绪划分为情绪体验、生理唤醒、行为表现三个层面,三个层面共同构成了一个较为完整的情绪过程。

1. 情绪体验

情绪体验作为一种主观感受,是情绪的核心成分。通常情况下,一个人的情绪体验处在不断的发展和变化之中,受周围环境的影响,会发生不同程度的变化。

在性质方面,情绪包括简单的情绪体验(如快乐、痛苦等)和复杂的情绪体验(如悲喜交加、苦中作乐等)。这两种情绪是人的情绪的重要方面。

在强度方面,性质不同的各种情绪在不同的时间范围内表现出不同的强度。例如,喜这一情绪,根据强度的不同,可以从适意、愉快到欢乐、狂喜;怒,可以从轻微不满到生气再到暴怒等。随着情绪强度的逐步增加,个人也更加容易卷入情绪之中,无法自拔。与此同时,当一件事物对人越发重要,情绪体验就越发强烈。如食物对于饥饿的人来说,比饱腹者更有意义,更能给他们带来强烈的情绪体验。

2. 生理唤醒

生理唤醒指人在情绪状态中体验到的外周生理器官和组织的一系列变化,其变化过程由自主神经系统来调控。在情绪的刺激下,自主神经系统激活了有机体各器官、组织的活动,使有机体产生了一系列的生理反应。自主神经系统由交感和副交感神经系统构成,二者相互作用,共同调控着内脏器官、外部腺体和内分泌腺的活动。

3. 行为表现

行为表现指反映个体情绪的外部行为,人的面部表情就属于这样一种外部行为表现。表情是情绪的语言,人们常常用微笑表现愉快的心情,用哭表现伤心的心情。然而,每个人会有个人较为独特、稳定的情绪动作模式,此模式是人们相互之间理解对方情绪的重要方式,能帮助人们识别不同的心理情绪。

(二)竞技运动中的情绪

1. 唤醒

在早期心理学领域,唤醒与生理唤醒等同,反映了有机体内部器官和组织的生理激活水平。通常情况下,人体在一天内的生理唤醒水平有显著变化,夜间生理唤醒水平较低,白天随着人体兴奋性的提高,唤醒水平也缓慢提升。除此之外,相关研究结果表明,人的生理唤醒水平与体温变化呈现高度正相关,表现出一定的周期性、节律性特点。

唤醒主要包括生理唤醒和心理唤醒两个方面,伴随着时代的不断发展,人们更加重视唤醒的心理因素、认知因素。心理上的唤醒实际上是一种"心理能量",是有机体普遍的生理、心理激活状态,体现了心理功能的强度。

心理唤醒与生理唤醒之间有着十分密切的联系,生理唤醒是心理唤醒的基础,心理唤醒与个体的生理变化、物质能量代谢有关,心理唤醒水平受生理、认知、情绪等多种因素的影响。可以说,心理唤醒与生理唤醒是相互依存、共同发展的。

2. 焦虑

焦虑这一情绪非常复杂,它属于人的不同情绪的集合。焦虑伴随着明显的生理变化,例如,肾上腺素浓度增加、血压升高、呼吸频率加快、皮肤苍白等。由此可见,焦虑作为一种消极的情绪状态,与身体唤醒水平的提高有关,感到焦虑的人通常会出现神经紧张、担心等一系列状况。

焦虑的种类可以分为以下几种。

(1)客观性焦虑和神经症性焦虑。客观性焦虑与害怕同义,是人们对真实危险的正常反应,神经症性焦虑则处在人们的潜意识中,通常表现为意识上的矛盾。

(2)正常焦虑和异常焦虑。通常,人们都有过焦虑体验,当人们在日常生活中觉察到某种潜在的威胁时,人脑中与焦虑相关的"程序"就会"启动",帮助人们采取有效措施,避开危险。因此,焦虑通常是可以理解、具有积极意义的,这种焦虑被称之为"正常焦虑"。然而,有些人在特定情境中体验到了"不合理""过分"的焦虑。人们找不出焦虑的具体原因,个人的情绪体验与现实状况不符,且焦虑的强度过大、持续时间过长。这种焦虑被称之为"异常焦虑"。异常焦虑往往不能进行自我控制,需要医学帮助获得心理上的健康状态。

(3)状态焦虑和特质焦虑。状态焦虑是一种暂时性的焦虑,通常由特定的情境触发,在心理上表现为忧虑、恐慌,并在生理、行为上有相应表现。特质焦虑则是一种人格上的焦虑倾向,高特质焦虑的个体容易将不存在危险的情境看作是威胁情境,做出过高的状态焦虑反应。

(4)竞赛特质焦虑和竞赛状态焦虑。竞赛特质焦虑指运动员将几乎所有的竞赛情境知觉为威胁,并做出高度的紧张反应。竞赛状态焦虑指运动员将某一具体的竞赛情境知觉为威胁,处在较为严重的焦虑状态之中。状态焦虑通常由认知焦虑、躯体焦虑两方面构成。认知焦虑表现为对个体行为的消极关注、紧张、担忧等一系列负面情绪。躯体焦虑则主要通过心率加快、呼吸频率加快等身体症状加以表现。运动员在赛前表现出来的竞赛状态焦虑被称作赛前状态焦虑,对失败、评价的恐惧等各种因素均会引发赛前状态焦虑。

三、运动动机

人的行为离不开动机的驱动。运动员在体育比赛、日常训练、体育课堂上的具体表现均受动机的支配。强烈的运动动机促使人们长期参加运动活动,保持训练强度,在训练中更加努力,更加集中注意力,获得更好的训练效果。

(一)动机的概念

动机是指推动个体进行活动的心理动因和内部动力,它能引起并维持个体的活动并且指向一定的目标。运动动机是推动运动员参与体育运动的内部动力。

(二)动机分类

依据不同的划分标准,可将动机分为以下种类。不论如何,运动员参加训练和比赛都要建立正确的动机。

1. 生物性动机和社会性动机

生物性动机是指以有机体自身的生物学需要,如饥饿、睡眠等生理需求而产生的动机。社会性动机是指以个体的社会性需要为基础,如情感、成就、尊重等需要而产生的动机。

2. 内部动机和外部动机

依据人的心理动因划分,动机可分为内部动机和外部动机两种。内部动机是指来自个体内部需要的内部动机,如归属感、自我实现等心理需要;外部动机则是指来自外部环境的刺激和诱发,例如获胜后的奖金、名誉等。这两种动机在运动员中都是较为常见的。不论是哪一种动机,如果利用得当,通常都能取得不错的效果。

但需要注意的是,内部动机的推动力往往要大于外部动机,持续时间也更长。但以内部动机为主导的运动员缺少成为冠军的雄心。他们更享受运动过程中获得的自我提升和掌控感。而外部动机对运动员的推动力较小,维持的时间也较短,他们对运动成绩或运动目标有着强烈的追求,希望得到社会的认可和赞扬。

3. 直接动机和间接动机

直接动机是指以兴趣爱好为出发点、更多地指向活动过程的动机。比如学生对篮球运动的热爱,享受在篮球运动中发挥自身潜能的愉悦感。间接动机以间接兴趣为基础,更多地指向活动结果。比如学员为了掌握某个高难度动作,可以反复不断地练习同一个动作。

整体上来说,直接动机对人的行为有更强的推动力,但是当任务难度过大时,直接动机的局限性就体现了出来,这时候就需要间接动机来配合。

(三)动机的培养与激发

根据运动动机的基本理论,在体操教学或训练中要培养和激发运动员正确的动机,以实现预期的训练目标。

1. 满足乐趣的需求

对于体操爱好者而言,除了获得比赛胜利的需求外,同时还有娱乐的心理需求。专业的体操运动员参加体操运动是一种职业,但也少不了娱乐的要素。因此,教练应该培养和保护运动员的这种兴趣,让运动员产生更加强烈的内部动机,这对于提升他们的训练积极性具有十分重要的作用。

2. 胜任感的需求

在体操比赛中,运动员都十分渴望获得比赛的胜利,都有着强烈的胜负感和胜任感。作为一名合格的教练员,应该花精力设计安排训练或者比赛,让每一位运动员都有成功的体验,对自己的技术水平有积极自信的认知。这对于运动员竞技能力的提升具有一定的帮助。

3. 归属感的需求

无论是普通人还是专业的运动员,一般都有着强烈的归属感,可以说这是每一个人的内心需求。对于体操运动员而言,他们渴望成为运动集体的重要一员,这将极大地满足他们的归属感。作为教练,应该努力增强凝聚力,确保每个队员都能在团队中找到自己独有的位置,感到自己是团队重要的一员,团队成员之间相互协作,实现共同发展和进步。

4. 自主发展需求

个性化发展是众多年轻人的追求,对于那些青少年运动员来说也是如此。根据青少年身心发展的这一特性,教练员可以在时机成熟的时候,适当地给予他们自主权,让他们自己掌控训练和学习计划,设定目标和完成效果。有研究表明,否定个人控制自己生活的权利会损伤体能的内部动机,而给予一定的自主权,鼓励个体个人发展,会让他们获得满足感和自信心,从而更好地提升自身的训练水平,促进自身竞技能力的提高。

四、体操训练对完善心理和人格的积极作用

(一)培养意志力

训练作为一项特殊的体能活动和心理挑战活动,具有育人的作用,它通过培养情感、意志、毅力、信念而实现育人目标。在训练中,通过设

定带有挑战性的任务和目标,激发人们的参与兴趣和活动欲望,提升他们对活动的决心,培养其不怕困难、不怕失败的意志品质和顽强毅力。而只有人们身体力行,全身心投入训练,才能实现意志力的提升,如在疲劳时咬紧牙关,坚持到底;遇到困难时坚韧不拔,持之以恒;失败时不气馁,顽强拼搏;胜利时不骄傲自满,冷静对待等。

(二)发展个性

人们参与各种各样的训练项目,首先必须学会尊重别人,尊重自己,建立正确的道德观,养成良好道德风尚。

通过组织开展训练而培养人自尊自爱、自强不息的精神时,要遵循培养对象身心发展的客观规律,从参与主体出发,充分发挥其特长,重视参与的主动性和能动性,挖掘个体潜能,发展个性品质,强调民主合作,从而促进个性发展。

训练对个性发展的作用主要体现在以下三个方面。

1. 有助于克服个性缺陷

训练需要体力、智力、行为与情感的参与,要求人们有良好的体能与技能。因此,人们每次参与训练都会接近和突破自己的极限。这一过程使得人们在实践过程中有机会发现自己个性中的优秀部分,找到自己的不足,从而采用有效的方式克服缺点。

2. 有助于形成积极向上的个性

人们在自我意识的调整下所表现出的积极、主动、自觉的运动需求是训练活动对参与者个性形成所产生的作用。参与者要在长期努力、持久练习、艰苦磨炼中提高自己的身心素质,形成顽强拼搏、努力进取的精神,这对个性的形成与发展具有重要意义。

3. 有助于约束人的个性

每一位训练的参与者尤其是集体类项目的参与者,都不同程度地接受集体的约束、限制、激励和督促,促使个体适应群体的需要,自觉遵守规则,为集体荣誉而努力。在团队活动中,优异者得到赞扬和激励,反之会得到教训和惩罚。

4. 有助于增强人们的情感体验

训练可以丰富人们的情感要素,激励人们以高度的责任感与同伴合作;以执着的追求去竭尽全力实现目标;以约定俗成的道德规范自身行为;以复杂而快速的转移感领略成功的欢欣和失败的痛苦。训练带给人们的情感体验复杂多样,也满足了人们的多元情感需求。[①]

(三)提升凝聚力

训练是健康文明的新型活动方式,它是在特定规则的约束下严格组织与开展的。参与训练的人在价值取向上具有共同点,而参与集体项目的人更是紧密团结,凝聚在一起为集体荣誉和利益而努力拼搏,具有很强的群体意识和集体主义精神。

训练中涉及的规则和行为规范都是比较严格的,参与者要遵守规则和纪律,要尊重他人,要有分辨是非黑白的能力。对好的、对的行为要持支持与鼓励的态度,而对坏的、错的行为要予以批评,并以身作则,主动摒弃。可见,训练中的规则与纪律对人们的思想和行为产生了一种约束性作用,提升了人们的纪律意识和道德意识,对培养人的人格精神、团结意识以及规范人的行为具有重要意义。

(四)增进交流

体操是一种新颖而特殊的体育活动。在人们的生活中有各种各样的交流手段,其中体育交流就是一种常见的、简单有效的社会交流方式。体操训练不但有强身健体、锻炼心理素质的功效,还能帮助参与者与他人友好交流,建立良好的友谊。在个体社会参与度的衡量与评价中,也常常将社会体育活动的参与度作为一项重要指标。体操训练对增进交流的作用从下列几方面体现出来。

第一,在体操训练中,参与者要坚持公平竞争的原则,要遵守活动规

---

① 周李莉,郭福江,尹亚晶.体育运动训练与健身实践研究[M].北京:人民日报出版社,2016.

则和要求,所有参与者都是平等的。参与者既要有自尊,又要尊重别人,以诚待人,从而建立和维护良好的社会关系。参与者之间的交流与沟通应该是真诚的,是发自内心的。

第二,体操训练可以对参与者的乐观精神、拼搏精神以及社会责任感进行培养。参与者积极参与项目,努力拼搏,对自己和他人负责,对最终的结果要抱有积极的期待心理。从准备阶段到最终结束,参与者表现出来的精神状态能够感染他人,成为别人效仿的榜样,被他人尊重和认可,并能获得新的友谊。

第三,体操训练是在一定的规则和制度下展开的,在整个训练过程中都要严格遵守规则和贯彻制度要求,这是所有参与者都必须做到的。相关规则和制度对参与者的言行举止及道德人格具有约束和规范的作用,促使参与者言行举止得当,并促进其道德人格的完善,从而有助于促进社会关系的改善,形成融洽的社会氛围,优化社交环境。

(五)提升协作意识

协作是齐心协力、相互配合的意思,在一个集体中,每个成员都要有协作意识,要与他人团结,要最大程度地贡献自己的力量,从而凝聚成巨大的集体力量。在训练尤其是集体类训练项目中,良好的协作意识和能力是团体取得成功的关键,是团体项目的精髓。人们要在集体类的实践活动中不断磨炼才能意识到协作的重要性,才能使协作意识在潜移默化中形成。生活、学习及工作中也需要协作,将在体操训练中形成的高度协作意识运用到日常不同情境下对提高学习和工作效率以及提高生活质量具有重要意义,能够使人们的社会适应能力得到有效提升。

团体类训练项目本身所具有的优势有助于对参与者的协作意识和集体主义精神进行培养。参与团体类项目,个人不管多么优秀,都要与团队成员配合,否则凭一己之力难以完成团体任务,而且也失去了参与团体项目的意义。团体成员相互交流,齐心协力,取长补短,默契配合,这是取得团队胜利的关键。只有集体高度协作,才能实现团体效益的最大化。现代社会分工的发展也对个体的协作能力提出了较高的要求,任何一个企业的运作都离不开内外协作,这也是企业越来越注重组织员工参与体操训练的主要原因,通过训练来培养员工的团体意识和协作精神。

(六)增强胜任社会角色的能力

社会结构中的每个个体既享有一定的社会权利,也履行相应的社会义务,同时也遵守社会规范,履行自己的职责,完成自己的"分内之事"。社会上有各种各样不同的角色,所有角色都要遵守自己所处环境下的特定规范,不同角色所代表的行为期望是有差异的。体操训练为人们适应社会角色、胜任社会角色及在这一角色中发挥自己的力量和做出杰出的贡献提供了重要的机会和条件。

体操训练活动中也涉及复杂的社会关系,人们参与训练,担任不同的角色,遵守体育道德规范和社会道德规范,在各自的角色中发挥自己的体能、智力,完成角色赋予的任务。在团体项目中,不同角色之间又有密切的联系。各个角色相互协作是实现群体目标的关键。社会角色与社会地位、身份密切相关。个体只有扮演好自己的角色,通过主观努力将自己的角色充分演绎好,才能获得社会的认可,才能提高自己的社会地位。

第三节 运动训练学基础

运动训练学是在对各个项目的训练理论、方法的总结和概括的基础上发展起来的。各项目训练理论和方法的发展,是运动训练学产生和发展的源泉,而建立和发展运动训练学的主要目的就是指导运动训练的实践。

一、运动训练学的概念及特点

要了解运动训练学的概念,首先应了解运动训练学的学科性质。运动训练学的基本研究对象可以简单地概括为"针对人的运动训练及参加运动训练的人"。其中"针对人的运动训练"牵涉到安排哪些内容、采用哪些方法手段、如何安排和控制训练过程、如何诊断和评价训练的效果以及训练效应产生的原理等问题；而"参加运动训练的人"则牵涉到为何要对他（她）进行训练、训练者的行为特征、如何优化训练者的运动行为（或称竞技行为、影响训练效果的人文因素等问题）。对前者（针对人的运动训练）的研究，需要引用大量自然科学的理论、原理和方法；而对后者（参加训练的人）的研究，除应用相关的自然科学的理论、原理和方法外，还需应用大量的人文社会科学的理论、原理和方法。可见，运动训练学在其产生和发展的过程中，不但总结和概括了各单项训练的理论和方法，而且还应用了大量相关的自然科学和人文科学的理论、原理和方法，并以此为基础，构建自己的理论体系。因此，我们可以认为运动训练学是一门综合性的应用学科。说它是应用学科，是因为构建和发展运动训练理论体系的主要目的是将其应用于训练实践并指导训练实践。

综上所述，我们试图给运动训练学下如下定义：运动训练学是一门以"针对人的运动训练和参加运动训练的人"为基本研究对象，以指导运动训练实践为主要目的的综合性应用学科。

运动训练是为了提高专项运动成绩而组织的一种教育过程。要完成运动训练的目的任务，就必须了解其特点，否则就得不到理想的训练效果。

（1）运动员从事运动项目的专门化。由于近年来各项运动技术水平的飞速提高，运动成绩达到了很高的程度，所以一个运动员要想在几个性质不同的项目上同时达到世界水平是不可能的，即便是从事性质接近的项目，也有主次之别。因此，运动员从事的运动项目必须具有专门化的性质。

（2）运动训练的内容、手段和采用方法的专门化。运动训练的内容、手段、方法要根据专项的特点，有针对性、有目的地选择为提高专项成绩服务的发展一般运动素质和专项素质的练习，以及专项本身的练习。在训练方法上也要结合专项特点具有针对性。

二、运动训练的发展阶段

运动训练出现的时间可谓相当早，早在古代奥运会时期，参加奥运会的运动员就已接受专门的训练，只有接受过专门训练的运动员才有资

第一章　体操教学与训练的学科理论基础

格参赛。但由于没有文字记载,具体的运动训练内容我们也就无法得知。

伴随着竞技体育的发展,运动训练学理论得以创立与发展,它对于运动员科学参与运动训练起到了积极的作用。如今,运动训练科学理论体系日益丰富,也不断向前发展,形成了较为完善的运动训练学理论体系。近代运动训练可以被划分为两个具体阶段。

(一)靠经验与模仿进行学习的阶段

最初运动训练一直缺乏科学的理论依据,主要依靠运动员的个人经验来开展日常的训练活动。在这一阶段,大多数运动员采取延长训练时间的方式获取技术的进步、成绩的提升,常常集中地参与高强度的比赛与训练,缺乏科学性与合理性。特别是在对技术、体能要求较高的体操等项目上,教练员与运动员并不了解从事项目的具体特点,训练较为盲目,不科学,导致走了不少弯路。

伴随着现代社会的不断发展,美国、英国等开始深入研究运动训练的科学性。在一些运动项目中,训练指导者开始注重合理安排运动时间,经过实践的检验,初步认为一天内安排两次训练会有较好的训练效果。一些运动领域的教练、专家、学者开始分析运动员自身的各项能力,根据运动员的个人特点及项目特点等设计训练方案或计划。

(二)科学训练的过渡阶段

在这一阶段,社会科学进一步发展,医学、遗传学、生理学等领域的一系列发现对于运动训练产生了极大的推动作用。医学界、生理学界的各项理论在运动训练领域得到了一定的利用,促进了运动训练的发展。与此同时,心理学家也对运动训练中运动员的心理状态、心理变化产生了浓厚的兴趣,提醒教练员在开始安排训练计划时,充分考虑运动员的心理特点。另外,高尔登遗传研究中关于人的特性可以测定的结论、巴甫洛夫的条件反射学说、比内和西蒙关于联想与记忆的理论、技巧运动测定法则等问世,都为研究运动训练过程打下了理论基础。随着人们对竞技体育的关注度越来越高,运动训练的科学组织工作刻不容缓。在很多运动项目中,专项训练理论得到了广泛的运用,各专项训练充分吸收运动生理学、运动心理学、运动解剖学等学科理论知识的指导,训练体系日益丰富。

伴随着时代的进步和发展,在现代运动训练体系、运动训练远景规划、运动训练的分期、运动训练方法的研究等诸多方面均取得了一定的研究成果,初步构建起运动训练学理论的框架。

前民主德国莱比锡大学在1964年采用的《训练学》函授教材,标志着系统训练学理论的形成。随后,各个国家陆续出版了许多与训练理论有关的著作,这些理论著作对后来的运动训练产生了非常重要的影响。

我国关于运动训练的研究时间并不长,一般来说,我国运动训练理论的研究始于1983年,经过几十年来的探索与发展,目前取得了一定的进展。与运动训练基本理论相关的研究性专著越来越多,研究成果不断更新并开始体现出中国特色。现阶段,我国重点关注运动员选材理论的研究、项群训练理论的发展、博弈理论等内容,符合国际社会发展的潮流与趋势。

三、运动训练学的理论思想

(一)一元训练理论

"一元训练"理论思想是由我国学者提出的,该理论认为"技术"和"体能"两者具有相同的本质,在现实训练中不能分离。动作技术与体能的发展是同步进行的,动作技术中不能缺乏体能内容,体能的发展也离不开动作技术形式的变化。

概括起来,一元训练理论的内容主要体现在以下几个方面。

(1)在运动训练中,人体处于复杂的信息网络之中,在与环境接触的过程中,不断改变条件因素,使其向有序方向发展,从而提升个人的整体运动能力与运动成绩。在运动训练中,人体的有序状态可以分为基本生命运动层次、运动能力运动层次两个层次,层次与层次之间形成了一种良性循环。

(2)运动训练需要激发有机体的内部矛盾,使有机体向特定方向和特定目标发展。

(3)在训练方法中,专项训练是关键性的训练手段。

(4)运动员的运动成绩、运动能力呈现出波浪式的变化,运动训练应遵循这种变化的规律,这样才能取得理想的运动成绩。

(二)二元训练理论

很长一段时间以来,我国的训练理论都比较注重条理性、思维性,各个项目的教练员和运动员大都遵循这一规律。目前,我国主要的运动训练理论思想为二元训练理论。二元训练理论主要是建立在"体能""技能"基础之上的。

二元训练理论强调"先一般训练,后专项训练"的固定模式。一般训练不强调专项竞赛的效能,通常指非专项的身体训练手段、运动技术。

"体能"与"技能"可以说是人体运动能力的两大元素,它对于运动员运动成绩的取得具有十分重要的意义。此理论体系通过对概念的逐级分解,形成了一个较为庞大的结构,要求运动员在训练中,要将"体能""技能"结合起来,科学合理地安排训练过程,促进运动水平的提高。

(三)互补理论

很长一段时间以来,我国存在着一元训练理论与二元训练理论的争论。这两种理论都有一定数量的支持者。其中,二元训练理论相对来说更有优势,训练方法更有针对性。

然而,理论是不断发展完善的,需要在实践过程中不断检验其正确性从而改进,不断发展。

在这种背景下,我国许多学者提出了"互补理论",旨在从不同的侧面理解事物的本质。

1. 学术互补

在我国运动训练界,二元训练理论长期占据着主导地位,导致一些体育工作者缺乏辩证思维,缺乏现实思考,盲目遵循二元训练理论中的原则安排日常训练活动。一元训练理论的提出有利于平衡与杜绝这种现象,意义重大。

二元训练理论不断吸收一元训练理论的精华,实现了自我更新与完善,一些过时的指导思想和理念因不适应时代的发展、高层次的训练实践被先进的理论所取代,实现了学术上的互补。与此同时,不断补充了现代训练思想和方法,形成了较为完善的训练体系。

2. 训练思路互补

一元训练理论强调整体思维,将人看作是一个完整的系统,采用整体思维、全局观点考察运动项目,提倡进行全面的专项训练,快速提升运动成绩,充分发挥运动员的主动性、创造性。

二元训练理论则强调先分解后综合,从分解的角度实施整个训练计划。训练被划分为体能训练、技术训练、战术训练等多个具体的训练项目,极大地丰富了训练方法,为运动员的全面发展打下了良好的基础。

互补理论充分吸收了两种训练理念的优点,实现了训练思路上的互补。

3. 不同训练阶段的互补

在训练初级阶段,二元训练理论中的超量恢复理论和周期理论很好地指导着训练活动,能在一定程度上解决多方面的问题。但需要注意的是,培养一个运动员需要较长的周期,包含着许多复杂的因素。在运动训练的高级阶段,运动员的竞技水平、各器官的功能水平都达到了比较高的程度,接近个人的生理极限。运动员能力发展的空间变小了,机体损伤的问题日渐突出,因此,对训练手段、训练负荷的科学性、合理性提出了更高的要求。于是,二元训练理论的一些思想不能够解决一些普遍存在的现象、问题,不利于运动员更好地投入训练活动之中;比赛赛制快速发展,经常采取的周期训练模式也有些不适应现实的变化。周期训练理论忽视了运动员之间的个体差异(包括年龄、性别、生理基础等),不利于高水平运动员的进一步提高。

很长一段时间以来,我国运动训练思路都不是很明确,各方面的意见不统一,在运动训练系统中,低强度的训练内容占据绝大部分,缺乏先进的训练理念与模式。另外,专项训练手段也比较匮乏,导致机体的专项能力下降,致使运动员的竞技水平难以得到有效的提高。因此,为提高运动员训练的质量和效果,就要将多种思想和理论融合起来,形成优势互补效应,从而推动运动员竞技能力的提升。

四、运动训练计划的制定步骤

(一)把握制订原则

制订体操训练计划要遵循以下原则。

1. 熟悉

(1)保持头脑清醒。
(2)思路清晰。
(3)任何相关部分都要掌握好。

2. 周详

要全面解决和处理好下列问题。
(1)经费问题。
(2)交通问题。
(3)食宿问题。
(4)装备物资情况。
(5)医疗保障情况。
(6)人员情况。
(7)行程安排。

3. 快捷

(1)仪式快捷。
(2)计划存档。
(3)快速传递。

4. 灵活

(1)领队要有威信。
(2)方案要备份。
(3)人员要机动灵活。

(二)明确活动目标

在进行体操训练前,要明确体操训练的目标,只有明确了目标,才能做充分的准备,有序安排活动计划,最大化地达到活动效果。如果目标不明确,那么活动过程中就没有方向,没有安全保障,也失去了趣味。

(三)安排活动内容

确定活动目标后,要按照目标规划活动内容,不同的活动项目能达到不同的效果。为了更好地达成目的,提高效果,要尽可能根据活动地点的实际情况来安排活动内容,在保证安全的情况下安排精彩刺激的项目,让参与者获得体验乐趣,感受体操的魅力。

五、运动训练学的体系及任务

(一)运动训练学的体系

训练是指提高和保持运动成绩的一切措施的总称。运动训练学是阐述运动训练中带有普遍规律的科学。目前运动训练这一概念有狭义和广义两种解释:从狭义方面来解释,运动训练是借助身体练习,亦即身体负荷所进行的身体、技术、战术、智力、心理和道德等方面的准备;从广义方面来解释,运动训练是指运动员为夺取较好和最好运动成绩所进行的有计划的准备的全过程。

(1)运动训练的实践是运动训练学建立和发展的源泉。随着训练的不断发展,运动训练学的内容(指整个体系)也在不断丰富。它是各运动项目理论和方法的总结和概括,反过来又指导各运动项目的训练工作。因此,运动训练学来自训练实践,又指导训练实践。

(2)运动训练学受一定的哲学和方法论观点的指导和影响。

(3)运动训练学以众多的有关学科作为自己的科学基础。这些科学不仅包括自然科学,而且包括社会科学,它们的发展影响着运动训练学的发展。因此,运动训练学是一门综合性学科。

（4）运动训练学是整个运动理论的核心。

总之，运动训练是指运动员有计划地、系统地为提高竞技水平，夺取某一运动项目的较好和最好成绩而努力奋斗的全过程。

(二)运动训练的任务

1. 发挥教练员的主导作用和运动员的积极性

训练计划的制订、贯彻执行，训练的指导以及训练任务的完成，教练员负有直接的责任，故要重视教练员在训练过程中的主导作用。充分发挥预先控制、现场控制、反馈控制在运动训练中的作用，使整个训练过程既要发挥运动员的自主性，又要使过程具有流畅性，真正保证训练计划的顺利完成。要真正做到教练员对训练全面负责，既要抓身体、技术、战术等方面的训练，又要管运动员的思想政治教育和作风的培养，把教育和训练有机地结合起来。此外，还要充分调动运动员对训练的积极性，加强责任感，发挥主动性，圆满完成训练任务。

2. 训练中要贯彻"从难、从严、从实战出发"的精神

"三从一大"是我国在多年训练实践中总结出来的一条重要经验。从难，主要指在掌握技术、战术上要从难要求，要熟练掌握高难的技、战术；从严，主要指对训练的各个方面都要严格要求，首先对运动员的政治思想要严，注意优良作风的培养和坚强意志品德的锻炼。其次，执行计划要严，对计划中提出的练习数量、强度、密度、时间等都要严格执行。再次，掌握技术规格要严，没有精湛的技术，提高运动成绩就没有基础；从实战出发，主要指训练应结合比赛的实际，根据比赛环境、比赛的对手、比赛的目标等实际情况，制订训练计划，安排训练措施。总之，从难、从严、从实战出发三者是相互联系、互相渗透的，不能强调一方，顾此失彼。

六、运动训练学的基本内容

运动训练学的基本内容包括以下几个方面。

(1)竞技体育和运动训练的概念、特征和意义。

(2)项群训练理论的含义、特点、作用以及项群训练理论的基本内容。

(3)运动成绩与竞技能力的关系以及竞技能力的概念、构成因素等。

(4)运动训练原则的基本概念、作用,包括各项原则的概念以及贯彻该原则的基本要求。

(5)常用的训练方法和手段以及各种方法、手段的特点、作用和要求。

(6)体能的含义、分类以及各类体能(素质)训练的主要方法。

(7)运动技术的概念、意义以及技术训练的方法、要求和影响技术能力的主要因素。

(8)运动战术的概念、作用、分类和战术意识的概念及培养,以及战术训练的基本要求等。

(9)运动员的心理素质及其训练。

(10)运动员多年训练的计划与组织。

(11)运动员年度训练的计划与组织。

(12)运动员周、课训练的计划与组织。

(13)运动队管理的特点、方法、内容和要求等。

教练员和运动员对运动训练学基本概念和内容的学习,可以加深对自己所从事的竞技体育和运动训练的认识和理解,强化专业意识;可以加深对运动训练过程中某些一般规律的认识和理解,掌握从事运动训练必须具备的知识和技能,从而提高教练员的执教水平和运动员的运动训练水平。

运动训练学还涉及并阐述了运动员选材、优秀运动员的模式特征、女子运动员训练的特点、对教练员的基本要求,以及运动队的管理和运动员思想品德教育等问题,这些知识和技能也是教练员和运动员所应当具备的。

第二章　体操教学理论与方法指导

体操教学是针对学生开展的以提高他们体操运动技战术能力的专门性活动。为了能够客观、准确地了解学生接受体操教学的效果,对其测量与评价就成为必不可少的环节。

第一节　体操教学目标与任务

体操教学的目的是学员在教师有计划、有步骤地积极指导下,主动地学习和掌握比较系统的体操基本知识、基本技术与基本技能,发展智力、体力和美感,陶冶品德,形成全面发展的个性。体操教学的任务主要有以下几点。

一、抓好"三基"教育,掌握教学技能

引导学员掌握体操运动的基础知识、基本技术与基本技能。基础知识是指构成体操学科的基本事实及其相应的基本概念、基本原理等。基本技术则是指体操技术动作中最基础的内容,即是锻炼身体的最基本的技术方法和手段。基本技能,是指体操教学中最主要、最基本、最常用的能力,如组织能力、指挥能力、保护与帮助能力等。

二、做好思想政治工作,促进学员的全面发展

应该使学员明确,学习体操不仅是为了个人强身健体,有利于生活、

学习和工作,同时也是为了普及体操运动,提高体操运动的技术水平。只有这样,才能去发展智力、体力与创造能力。

所谓智力,是指个人在认识事物的过程中,所表现出来的认识知识的能力。智力是先天遗传素质、后天环境与教育影响和个人努力三者相互作用的产物。

所谓体力,除包括正确的坐、立、站姿势,个人卫生和视力等,除有旺盛的精力和健康的体魄外,更重要的是指有机体参与体育活动的能力。

所谓创造能力,主要是指运用自己已有的知识才能去探索、发现和掌握尚未知晓的知识的能力。这在我国体操健儿难新动作的创新中表现得十分突出。

第二节 体操教学原则与方法

一、体操教学原则

教学原则,是有效地进行教学所必须遵循的基本要求,是从长期教学实践中积累和总结出来的具有普遍指导意义的经验和概括。体操教学原则是客观规律在体操教学中的反映,在整个教学过程中,主要应贯彻以下几个基本原则。

(一)思想性原则

体操教学应以马列主义、毛泽东思想为指导,授予学员以基础知识、基本技术和基本技能,同时,结合知识的传授,随时对学员进行社会主义思想品德教育。

体操属于自然学科,本身虽没有鲜明的阶级性和思想性,然而它所揭示的客观规律却渗透着唯物思想和辩证法,因此,也是培养学员辩证唯物主义思想的一个途径。如果教学中教师能充分地发挥主导作用,通过传授知识,结合实际,做到有的放矢地向学员进行思想教育,既教书又育人,就能起到潜移默化的作用,从而调动学员的学习积极性。

教学中,教师应通过课堂组织、队列队形练习等,加强对学员的纪律教育;通过对场地器材的布置、安排,养成学员热爱劳动、爱护公物的美德;通过保护与帮助,培养他们团结友爱、助人为乐的良好品德。为了贯彻思想性原则,在教学中应注意以下几点。

(1)教师应加强自身的思想修养:教师是学员的典范,对学员人生观、道德观的建立和形成,有着重要的影响。教师应为人师表,处处以身作则,有较高的思想修养,具体表现在对工作极端地负责任和对学员无限热爱。

(2)教师要不断提高自己的业务水平:教师应随时了解本专业的最新研究成果,不断充实和更新知识,深刻理解教学大纲内容,不断改进教学,提高质量。讲授时应注意深入浅出、通俗易懂、生动有趣,力求做到表达正确、示范无误。

(二)直观性原则

教学中学员除了通过视觉、听觉来感知动作的形象、时间与空间的关系外,还要通过触觉和肌肉的本体感觉来感知所学动作的技术要领、用力的大小与动作的空间及时间的关系等,因此,直观教学在体操教学中,具有非常重要的意义。

直观性原则,反映了学员的认识规律,它给学员以感性、形象而具体的知识,有助于提高学员的兴趣和学习积极性,减少学习抽象概念的困难,展示了事物内部结构、互相关系和发展过程,有助于学员形成正确的概念,更好地掌握和运用技术。

在贯彻直观性原则时,应注意以下几点。

1. 正确示范与精练讲解

正确示范与精练讲解是体操动作技术教学过程中最生动、最形象的直观教学形式。在教师的指导下有目的地观察正确的示范,能使学员通过视觉逼真地直接感知动作,真实地感受到动作各部分之间、空间与时间的关系。精练的讲解,对动作技术的要领能进一步加深理解,对动作的主要关键会更加明确,从而解答学员在观察中的疑难。

2. 运用多种形式进行直观教学

为了使学员了解动作的局部与整体的关系,可以运用挂图、幻灯、电影和录像等有效手段进行教学。体操动作很多,技术又比较复杂,当示范不能充分地表现动作的结构、过程、关键和细节时,正确地选择多种形式的直观教具进行教学是非常必要的。但直观只是教学的一种手段,而不是目的,运用直观的形式、数量和时机,必须加强针对性,注意实用性。

3. 重视运用语言直观进行教学

生动形象的讲解、描述和提示等,对理解动作,能起到一定的直观作用。其特点是不受直观教具设备和条件的限制,但它必须借助于学员已有的知识和经验,才能在他们头脑中构成正确的表象和积极的想象,这在成人教育中有其特有的优势,因此显得尤为重要。运用语言直观要富于启发性,并必须掌握好时机和辅以其他方法,才能取得良好的效果。

(三)循序渐进原则

根据人们认识事物的规律、动作技能形成规律及人体机能活动能力变化规律,合理安排教学内容,使学员系统地学习、掌握体操的技术和技能。为贯彻循序渐进原则,应注意以下几点。

1. 制订出符合客观实际的教学文件

教学大纲、教学计划和教学进度,是搞好体操教学的重要保证。在教材安排上,应遵循由易到难、由简到繁、由浅入深、由已知到未知的原则,逐步深入,不断提高。注意每学期要承上启下,每课之间要有连贯性,各项目之间能互相呼应。

2. 突出重点

循序渐进并不是对各项教材、教学活动各环节及身体素质与技术方面都等同对待,而是要区别主次,分清重点。如在教材上,根据动作技术的内在关系,重点抓好最基本、最主要的内容,并贯彻始终。突出重点,就是在全面系统的同时突出主要矛盾。

3. 注意教材纵横联系

在安排各个项目的动作进度时,应考虑到该教材纵向前后的衔接和各种教材间横向的左右联系。既要注意本项目动作难易的系统性,又要考虑到与其他项目动作技术的相互关系。

4. 要有节奏地逐步提高运动负荷

由于人的机体对运动负荷有不适应到适应再到不适应的规律,所以安排一次课、一个项目、一个动作的负荷量,应是逐步的、有节奏的、不断提高的过程。

(四)因材施教原则

教学中,教师应从学员的实际情况和个体差异出发,有针对性地去进行教学,使他们在规定的体操教学时数中,通过自己的主观努力,克服一定的困难,都能不同程度地完成各项学习任务。贯彻因材施教原则,应注意以下几点。

1. 注意区别对待

教师应根据学员的水平,提出不同的要求,对基础好、接受能力较快的学员,可改变开始或结束姿势,以增加动作的难度,使之能得到更快的提高。对基础差、接受能力较慢的学员,则应加强保护与帮助,同时采取一些有效的辅助或诱导练习,使他们能顺利地完成学习的基本任务。

2. 重视课的组织

根据学员的性别、年龄、身体素质和动作技术的差异等进行分组,这样,就能对不同的组,有针对性地提出不同的要求,采取不同的措施,保证教学工作的顺利进行。

3. 布置课外作业,加强课外辅导

根据学员在课堂上完成和掌握体操动作的情况,对不同的学员,布置不同的课外作业和练习,从而促使他们去积极自觉地进行自学,特别是成人教育,自学更是必不可少的重要一环。

(五)巩固与提高原则

牢固地掌握知识,是学员接受新知识、顺利地进行学习的基础,是学员熟练地运用知识的条件。巩固的目的在于提高,而提高对巩固已获得的知识、技术与技能,又会产生从量变到质变的飞跃。所以,巩固与提高是相辅相成的。

在体操教学中,加深学生对动作技术的理解是巩固和提高学生所学动作技能的重要手段之一。为了使学生观察局部或整个动作过程的技术要领和细节,教师可采用局部示范、观察某一动作过程的技术图片以及采用录像、电影的慢镜头或停止镜头进行讲解分析,使学生深刻理解动作的技术要领。

贯彻巩固与提高原则,应注意以下几点。

1. 多实践,反复练

根据动作形成的生理学规律,要使动作达到轻松自如的程度,每次课都必须保证学员有充分的时间去进行练习。多练不是简单、机械地重复,而是按照正确的动作技术,在理解的基础上,进行反复练习。通过练习,消除动作中所出现的缺点和错误,得到不断提高,使大脑皮层的暂时性联系,得到不断加深和巩固,从而形成正确的动力定型。

2. 采用不同的练习形式

在完成体操单个动作的基础上,采用不同的开始姿势或结束姿势来完成动作,或把已学过的体操动作,组成联合动作或成套动作来进行练习,或改变器械的高度,以及在不同的环境或条件下进行练习等,这些,对巩固和提高体操动作的技术和质量,都有很大的促进作用。

3. 阶段检查，定期测验

通过阶段检查，不仅可以了解体操教学中存在的问题，而且也能促进学员积极自觉地去进行练习。进行定期测验，更能促使学员自觉地进行自学，在一定的条件下，达到巩固技术和提高掌握动作的熟练程度。

(六)其他

在体操教学中，根据学生动作技术掌握的情况，对学生不断提出新的要求，能促进学生进一步提高和巩固已掌握的动作技术和技能。其他常采用的手段如下。

(1)在已基本掌握动作技术的情况下，要求学生注意改进动作姿势。如要求他们在完成动作时要并腿、绷脚面等。

(2)要求在完成动作时，加快动作速度，或加大动作的幅度。

(3)要求对已基本掌握的某一动作应能做多次连续重复。

(4)要求将所掌握的动作与过去已掌握的动作联合起来做，或编成小套练习。

在体操教学中经常运用测验和教学比赛的形式，不仅能评定学生的学习成绩，更可达到巩固和提高的目的。

二、体操教学方法

体操教学法的独特性表现为以下几方面。

(1)层次性。

(2)连续性。

(3)丰富性。

(4)技艺性。

(5)技能性。

(6)移植性。

可供体操教学的手段与方法有很多，伴随着近些年来体操教学水平的高度发展，体操训练的方法也越来越多样化，目前常见的体操后备人才的训练方法主要有以下几种。

(一)完整训练法

完整法是指从动作的开始姿势到结束姿势完整地进行练习的方法。它以一定目的动作的练习作为掌握动作的基础和主要手段。

运用完整法的条件如下。

(1)技术结构上十分简单的动作。

(2)不能分解练习的较复杂的动作。

(二)间歇训练法

间歇训练是通过对训练时间的严格规定,来通过训练内容与训练时间的有机结合与搭配实施的练习。一般来说,间歇训练法主要有练习数量、负荷强度、重复次数(组)、间歇时间和休息方式等几种方式。

在体操训练中,应用间歇训练法时应注意以下几点。

(1)根据超量负荷的原理合理地安排整个训练过程。

(2)间歇时间一定要合理,依据运动员的实际进行合理的安排。

(3)在训练中依据运动员训练水平合理地调整运动负荷。

(4)切忌在机体尚未完全恢复时参与下一次训练。

(三)变换训练法

变换训练法是通过变换不同的训练要素来提高运动训练者的积极性与主动性的训练方法。变换训练内容、变换训练方式、变换训练负荷等都是其中重要的内容。

在体操训练中,应用变换训练法应注意以下几点。

(1)通过训练中的各种条件"变换",使运动员对训练产生新鲜感,激发训练的兴趣。

(2)运动员在训练的过程中要及时不断地变换训练要素,维持良好的竞技水平。

(四)综合训练法

综合训练法,指的就是以既定的训练目的、训练任务为主要依据,综合运用上述几种训练方法,从而更灵活地调节运动负荷,取得更好训练效果所用到的训练方法。

运用综合训练法进行体操训练时,一定要以运动员的实际情况和特点为依据,结合明确的训练任务来组合运用相应的训练方法。通过各种不同训练方法的组合,能满足不同水平运动员的竞技需要,促进运动员竞技水平的有效提升。

第三节 体操教学模式的设计

目前,在我国体育教育体操专业教学中,主要采用"示范—讲解—练习"教学模式。虽然这种模式源于"以教为中心"的教学模式,但是,由于它符合运动技能形成的规律,加之专业教师在具体应用时都在不同程度上运用现代教育技术作为辅助手段,赋予新的内涵,所以仍然有存在的必要。

从我国体育教育专业体操教学中应用的教学模式现状来看,力求在传统教学模式中融入现代教育的理念和方法,借助应用现代教育技术和手段,提高教学效率,已经是当前体育教育体操专业课程教学模式的发展趋势,这个趋势也证明,信息技术与体育教育专业课程整合的理念已经成为专业教师教学改革发展指导思想之一。

一、体操信息化教学模式设计

随着信息技术在教学过程中应用的深入,信息化教学模式逐渐被越来越多的专家学者关注。学者们认为信息化教学模式是一种符合现代教学思想的新型教学模式。信息化教育的教学模式可描述为:以学生为中心,学习者在教师创设的情境、协作与会话等学习环境中充分发挥自身的主动性和积极性,对当前所学的知识进行意义构建并用其所学解决实际问题。在这种模式中,学生是知识的主动建构者和运用者;教师是教学过程的指导者与组织者,意义建构的促进者和帮助者;信息所携带的知识不再是教师传授的内容,而是学生主动建构意义的对象(客体);学习环境包括"情境""协作""会话"等要素。情境必须有利于学生对所学内容的意义建构;协作发生在学习过程的始终;学习小组的成员之间必须通过会话协商共同完成学习任务。

信息化教学模式是一类教学模式的总称,包括了所有具体信息化特征的教学模式。教育信息化涉及社会生活、生产劳动、经济、科技、文化各个方面,是一项极其复杂的系统工程,包括了从宏观教育规划、决策、教育管理、学习资源环境、师资培养和培训、课程、教育科研的信息化,到微观的学习模式、教学、评价模式的信息化等教育系统的所有环节。信息化的特征是数字化、多媒体化、网络化和智能化。对于教学模式来说,信息化的特征主要表现在教学环境、教学方法、教学手段等要素上,凡是具备这些特征的教学模式都可以称为信息化教学模式。

(一)个别化教学模式设计

"关注每一个学生的全面发展"是教育现代化的重要特征,是各种现代化教学模式必须遵循的基本原则,强调学习的自主性,整个教学过程要以学生为中心、注重在真实环境中培养学生的各项能力等是各种现代化教学模式追求的目标。个别化教学模式就是这种现代化教学模式的一种。

个别化教学模式是指教学主要是在学习者个别化学习条件下进行的,教师仅在学习者遇到障碍或问题的时候,给予及时的辅导和帮助。这种教学模式可通过各种技术手段来实现,教师对学生进行个别指导有同步指导和异步指导两种方式。同步指导主要通过在线学习、在线交谈软件进行基于文本的交谈或视频电话进行语音交谈。异步指导主要是指教师和学生之间用电子邮件、微信、百度空间等方式进行通信,教师根据学生提出的问题进行有针对性的指导。这种模式又可分为本地和远程两种形式。

本地形式是由学生通过下载相应的CAI软件,然后在自己的计算

第二章　体操教学理论与方法指导

机上选择课件,从而进行个别化学习。远程形式在目前更多地被称为"基于网络的学习",基于网络的学习是通过一种可以非实时地进行远程学习的软件系统实现的,这个系统一般包括:教学课件及生成工具、网上答疑、作业发布、远程考试、远程交流、学习管理等子系统。另有专人在后端对系统进行维护、课件的制作、考试题库的整理、作业的批改,将学习资源放在网上供学习者下载浏览。学习者通过自己的计算机浏览器进入系统进行学习。这种形式目前又可以分为传统的和非传统的。

前者是学校将学习的内容放到网上运行,让学习者足不出户便可享受到学校提供的服务,在家电脑就可以浏览课件、进行提问、和其他同学交流、参加考试等。在这种形式中,运行着教学软件的计算机充当了教师的角色,对学生进行比较机械的"事先安排好的"指导,其优点是,计算机能进行"不厌其烦"的指导。

非传统的形式包括各种基于网络的智能化的自主学习系统。这些系统最主要的特点是能够根据学习者的学习特点,适时地为学习者调整学习进度和学习策略,尽量真正地实现"个别化学习"。网络自主学习就是这种个别化学习的主要形式。网络自主学习是指学习者利用计算机网络提供的学习支持服务系统,自主性地选择认知工具、确定学习目标和学习内容,通过可选择的交互方式主动探究学习过程,实现知识建构的学习方式。其实质是在教与学的过程中充分发挥学生的主观能动性和创造性,并在主体认知生成过程中融入学生内在的创造性见解。传统意义的自主学习的要素是学习者、内容、技术、教师、现代信息技术环境。基于网络的自主学习要素重组为学习者、资源、网络学习环境、教师,基本要素的变化使学习支持服务系统的范围更加宽泛。自主学习必须有支持学生自主学习的外部环境。此外,学生没有良好的内部条件也无法完成自主学习。只有在内外部条件的共同支持下,学生才能够保持良好的学习状态和进度,并随时监测自己的学习效果,实现自主学习。

相对于传统学习活动而言,网络学习环境具有明显的特征。一方面,网络学习环境拥有丰富的、共享的、多媒体化的网络学习资源,学习方式更为灵活、个性化,可以突破传统学习的时空限制,即任何人可以在任何时间、任何地点学习任何内容。一般来说,大学生对于学习的目的和价值的理解已经具备一定的指向,在学习的能力方面,个体差异明显。因此,个别化教学模式更适合大学生的学习活动。

1. 讨论学习模式

讨论学习模式是指在教师的指导和讨论支持系统的帮助下,学习者围绕某一个主题或中心内容,积极主动地发表观点,互相争论来进行学习的一种教学模式。

讨论式学习对于学生在学习中活跃思维、深化认识、发展独立性和批判性思维等具有意义。在网络上实现讨论学习的方式有多种,最常见、最简单实用的是利用现有的网络公告牌系统以及聊天系统。这种模式一般是由专业教师在站点上建立相应的学科主题讨论组,学生可以在自己学习的主题区内发个人意见,并能针对别人的意见进行评论,每个人的发言或评论都即时地被所有参与讨论的学习者所看到。这种学习过程必须由教师监控,以保证学生的讨论和发言能符合教学目标的要求,防止讨论偏离学习的主题。多媒体技术的发展,使得网络讨论可以以语音、白板的形式进行交流,使得讨论更为实时及生动形象。网上的讨论可以分为两种形式:在线讨论和异步讨论。

网络探究模式的优点如下。

(1)网络探究模式采用了不少策略激发学生学习动机。

(2)要求学生解决的问题能促使高水平的思维,它整合认知心理学和建构主义的思想。

(3)充分用到了协作学习的形式,这有助于提高学生的动机水平。

2. 基于网络的自主学习

建构主义学习理论认为,学习是学习者主动建构内部心理结构的过程。基于网络的适应学习就是指在网络学习环境中,在以学习者为主体的思想指导下,学习者根据实际需要,自我组织制订并执行适合自己的学习计划;自主选择适合自己的学习内容和学习策略;通过交互不断取得反馈信息,积极主动地监控自己的学习活动进行的过程,对学习活动进行自我评估,并随时调节学习过程各环节,以获得适合自己的最优化的个性发展的学习。

智能教学系统是指存储有某一领域知识和对应的教学法,能对学生进行个别化教学,根据学生对知识理解掌握的程度,自动调整教学方法及教学速度,在一定程度上模拟人类教学专家所进行教学活动的软件系统。智能教学系统最大特点是具有智能性,能了解每个学生的学习能力、学习基础、当前知识水平,并根据学生不同的特点做出最佳的教学决策,能给予学生针对性的个别指导。

(二)"专题探索—网站开发"模式设计

这类模式主要适用于互联网环境下。这类学习模式要求学生构建的"专题学习网站"必须包含如下基本内容。

(1)展示与学习专题相关的结构化的知识,把课程学习内容相关的文本、图形、图像、动态资料等进行知识结构化重组。

(2)将与学习专题相关的、扩展性的学习素材资源进行搜集管理,包括学习工具和相关资源网站的链接。

(3)根据学习专题,构建网上协商讨论、答疑指导和远程讨论区域。

(4)搜集与学习专题相关的思考性问题、形成性练习和总结性考核的评测资料,让学习者能在网上自我进行学习评价。

二、体育教育专业体操课程整合的教学模式设计

教学模式有多种多样,各种教学模式的教学功能和适应条件也不尽相同。针对体操教学内容来说,如何从众多的教学模式中选出适合教学内容的教学模式是需要教师认真考虑的问题。要进行选择,必然要考虑选择的依据。选择的依据确定了,选择也就易如反掌了。

(一)考虑教学目标

教学目标是教学模式的核心,它制约着操作程序、教学条件,也是教学评价尺度。教学目标不同,所采用的教学模式也应不同,要选择那些有利于更好地完成教学目标的教学模式。如:着眼于培养学生的自学能力,可采用"教学—指导"教学模式,着眼于培养学生的技能、技巧,就可以采用"示范—模仿"教学模式。

(二)选择教学模式

不同的学科,或相同学科的不同内容,要选择不同的教学模式。教学条件保证着教学模式功能的有效发挥。此处的教学条件包括人和物两方面的条件。参与教学活动的"人"就是学生和教师。教学活动是由学生和教师共同协作完成的。因此选择教学模式必须考虑学生和教师的情况。在学习方面主要考虑学生现有的知识、技能和智力水平。不同的教学模式对学生的知识、智力水平等要求不同,应该选择那些适合学生年龄特征、学生身心发展水平的教学模式。

每个教师在选择教学模式时都要考虑自身的学识、能力、性格及身体等多方面条件,尽量能扬长避短,选择那些最能表现自己才华、施展自己聪明才智的教学模式。如具有较为深厚的学识和教学经验,又善于启发、点拨、引导学生的教师,就可以采用"自学—辅导"教学模式。

教学的物质条件包括学校所能提供的仪器、图书、设备、设施等。超越现有的教学物质条件,选择运用一种不适当的教学模式,往往会加重师生负担,降低教学模式原来的价值。此外,教师在选择教学模式时还应当考虑时间的花费。

教学模式的选择受多种因素的影响和制约,这就要求教师在选择教学模式时,应全面地、综合地考虑这些因素,权衡利弊,择善而从。

根据对 2005 年至 2010 年的体育教育专业国家级精品课程和省市级精品课程的分析,从教学方法和手段的应用角度来看,发现这些课程中的教学以及本科课程的理论课部分的教学大多数(省市级精品课程全部都是)采用的是以"讲授型"教学为主,并结合其他方法,形成了多种教学模式。

第四节 体操教学效果的评价

考核是检查教学工作情况的一种有效方法。对教学工作系统地、科学地进行考核,有助于充分调动学生的积极性,激励学习,刻苦锻炼,不断提高学习成绩;同时它还可帮助教师经常了解学生的学习情况和课堂教学的情况,及时总结经验,更好地改进教学工作。

对学生体操课学习情况的考核内容包括学生体操课的出勤情况、学习态度和学习成绩等。考核形式一般有平时检查、定期考核和成绩评定。

一、平时检查

即在教学中进行随堂检查,不规定专门的考核时间。有助于教师及时发现和改进教学中存在的问题,更好地了解和掌握学生的学习情况。

平时检查的内容,一般以检查学生学习和掌握单个动作质量或某些重点章节内容为主,但也要注意学生教学能力的检查。检查的方式,可以用提问、操作、测验(抽签、填空题、是非题、选择题等形式)等进行。检查的时间不宜过长,以免影响教学进度。

二、定期考核

它是根据学期教学工作计划所规定的考核项目、内容和时间,对全体学生进行考核。

定期进行技术考核的项目、内容和时间,应在学期初就向全体学生宣布。在考核前,安排学生进行复习,同时公布考核的办法,如动作分值、典型错误和扣分标准等。定期考核最好采用竞赛的方式。理论考核应做到统一命题、统一考试、统一阅卷评分,避免评分不一的现象。

三、成绩评定

成绩评定采用百分制,一般教学大纲中已有明确的规定,其中体操理论占30%,各项技术占50%(每项可用10分制评分),教学技能占20%。学期结束,学生成绩的评定是按照以上比例综合评定其学期的总成绩。

第三章 体操训练理论与方法指导

体操训练是针对学生开展的以提高他们体操运动技战术能力的专门性训练活动。目前,多方面的科学技术植入体操训练中,提高了体操训练的整体水平,使体操训练趋于科学化。

第一节 体操训练的科学原理

体操运动比赛中,对抗双方没有身体接触,因此,获胜因素除了身体素质和心理素质之外,运动员技能的熟练和实用程度是决定性的因素。体操运动技能形成的本质是建立运动条件反射的过程。体操技术教学必须遵循运动技能形成的规律,使教师充分认识这一点可以提高教学效果,而使学生了解这一点则可以明确在练习中"多思"的意义,促进体操运动技能的学习和掌握。

为了适应比赛要求,运动员在训练中的核心任务,就是建立一种既熟练又实用的技术动作系统,即运动条件反射系统。这种运动条件反射系统应具有以下特点。

(1)自动化的。即不假思索就可以根据来球的性能做出动作。

(2)连锁的。即每一自动化的动作,都是由多个环节一气呵成的连锁反应。

(3)组合复杂的。即可在已经完成的某个技术动作的基础上,立即从自动化的动作库内选择出另一个技术动作与之衔接,以实现连续性要求。

(4)全面而又特长突出的。各种技术动作的全面掌握,能应付各种局面。

运动员建立运动条件反射的过程如下。

(1)通过教师示范、展示图片及技术录像放映等刺激学生的感觉器官,经传入神经到视觉中枢与运动感觉中枢发生联系,形成动作表象。

(2)教师用语言描绘动作方法和强化动作要求,刺激学生听觉器官,经传入神经到听觉中枢,使之联系语言中枢与运动感觉中枢发生联系,形成动作概念。

(3)初步的动作表象和概念发生联系,使大脑皮质第一、第二信号系统之间发生联系,起到使动作表象和概念互相强化的作用。

(4)学生根据大脑皮质获得的动作表象进行练习。通过练习主要是获得两种感觉来掌握动作技能:一是肌肉感觉。学生对预先获得的动作表象进行模仿,握拍手臂及全身其他部位肌肉在动作过程中的收缩和放松的程度和时间间隔刺激肌肉本体感受器(肌束和腱束),然后,由传入神经将这种反馈信息传入大脑皮质的运动中枢(图3-1)。二是体操感。

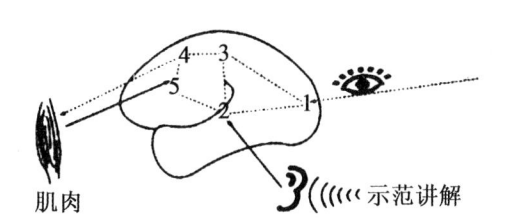

图3-1 运动技能形成过程是大脑皮质建立神经暂时联系的过程

1.视觉中枢;2.听觉中枢;3.感觉中枢;4.运动中枢;5.语言中枢

经过以上几个步骤的练习,技术、战术训练的任务并没有全部完成。随着世界体操技术水平的不断发展和提高,运动员必须不断创新技术和战术,在巩固和发展原有技术、战术体系的同时,不断建立新的运动条件反射,才能不断取胜。

第二节　体操训练的原则与方法

一、体操训练的原则

"原则"一词在《现代汉语词典》中解释为："说话或行事依据的法则或标准"。教学原则就是依据教学过程的客观规律制定的教学工作所必须遵循的基本准则和基本要求。教育学中的教学原则对体育教学有直接的指导作用,在体操教学中正确贯彻以下的教学原则对教学效果有直接的影响。

(一)自觉性原则

在整个教学训练过程中,教练员始终处于主导地位,其自觉性、积极性的高低,直接影响教学训练质量的好坏。因此,教练员要热爱自己的工作,努力提高工作的自觉性、积极性,言传身教,以自己的规范行动影响运动员,充分发挥自己在教学训练中的主导作用。

制订各项训练计划时应组织运动员讨论,明确任务和完成任务的方法;教学训练工作要倾听运动员的意见,内容要安排适当。这样一方面能使计划和工作更符合实际,另一方面有利于激发运动员训练的兴趣和积极性;教学训练中要求运动员严肃认真、一丝不苟地完成各项任务,但要求教练员要运用启发式教学,教法要多样化,要精讲多练、讲练结合,注意培养运动员的分析和独立思考能力,充分发挥其主观能动作用,自觉、积极地进行创造性的训练,从而达到良好的教学训练效果。

运动员对运动训练的自觉性如何,在很大程度上决定了训练的效果。这种自觉性,对每个运动员来说,绝不是参加运动训练后就具有的,而是要在运动训练过程中,通过教练员的启发教育和采取有力措施去培养,并不断提高这种自觉性的程度。因此,运动训练过程中的自觉性原则是指,在运动训练过程中,要教育运动员深刻认识训练的目的,刻苦地、创造性地进行训练,努力完成训练任务。

(二)直观性原则

运动训练的特点之一,是通过各种感觉器官的综合运用,使运动员经过反复思考、模仿和练习,逐步形成正确的动作技术概念和运动技能。在体操运动训练中,教练员运用直观方式使运动员对整个动作建立起清晰而正确的概念,这对迅速掌握技术来说,具有十分重要的意义。

1. 体操直观教学通常运用的方式

(1)动作示范。这是最生动的直观教学方式。它能使运动员通过视觉表象看清楚整个动作的真实外貌。教练员做动作示范时,必须力求做得准确、完美,才能提高效果。

(2)间接形象。这是利用电影、电视、录像、幻灯片、挂图、模型等,使运动员看清楚整个动作。这些方法不仅能较好地显示动作过程的关键,而且也较容易搞清动作的各种联系和技术细节,利于运动员更快地形成正确的动作技术概念。

(3)助力和阻力。这是借助于外力的帮助和抵抗力的阻碍,使运动员通过肌肉的本体感觉,直接体会动作要领,辨别完成动作中的时间和空间的正确关系及其对身体的影响,从而形成完整正确的技术概念。此外,采用一定的教具,也有助于形成正确的技术概念。

(4)语言。把生活中常见的某些动作,通过生动形象的语言来做比喻,或把动作要领编成口诀,也能起到直观的作用。运用语言直观,是教练员组织能力的一种表现,也是一种"艺术"才能。教练员的讲解是否简明扼要(通俗易懂、逻辑性强),是否有启发性(深入浅出、循循善诱),是否有吸引力(形象、生动、比喻恰当),都直接影响着运动员学习和掌握动作技术的效果和质量,而且能提高运动员学习的积极性和启发思维。当然,运动员通过直观来认识动作,还只是掌握动作的第一步,必须在直观感觉的基础上,经过分析、对比等积极思维作用,才能从粗略的认识进入真正的理解。为此,教练员在训练过程中,除了运用示范和讲解相结合的方法外,有时还可以运用启发式的提问,让运动员解答,或在练习过程中,通过运动员之间的互相观察、帮助、分析、矫正,以及组织讨论等方法,诱导运动员积极思维,以建立和巩固准确的概念,并在自觉的练习过程中,形成正确的技术动作。

2. 贯彻直观性原则应注意的问题

(1)根据具体条件和可能,广泛地运用各种直观手段。通过运动员的各种感觉器官,迅速建立起对动作具体正确的形象,提高运动员具体运用各种感官进行综合分析的能力。但不论属于哪一阶段,都不宜只局限于反复使用某一直观手段,而要尽可能地把各种直观手段合理地结合起来,这样有利于提高运动员各种感觉器官的机能水平和综合分析能力。

(2)采用任何直观手段都要目的明确,不仅教练员清楚,而且也要使运动员明白,这样才能取得应有的效果。动作示范是在日常训练中运用最多的直观手段,示范的目的必须明确,示范的动作、位置、方向、时机必须正确。此外,特别要掌握好示范动作的速度和突出示范的重点。为了减少示范的失误,影响教学效果,教练员应当非常熟练地掌握示范动作技术,并力求做到规范化。这一点,在业余体校少年儿童训练中更为重要。

(3)有计划、有目的地组织运动员(特别是少年儿童运动员)观摩优秀运动员的训练和比赛或看电视录像,并有针对性地结合讲解,这种生动形象而又富于吸引力的直观形式,无论对运动员技术、战术水平的提高,启发思维,开阔眼界,增进知识等方面,都将起到十分积极的作用。

(三)系统性原则

系统性原则是指根据人们认识事物的特点,人体机能活动与技能形成的规律,结合不同时间、地点和条件,合理地安排教学训练内容、方法和运动量。正确贯彻这一原则,可使运动员系统地掌握运动技术,有效地发展身体各器官系统的机能。

要正确贯彻这一原则,必须按周期坚持全年、多年系统、不间断的训练,各种训练计划必须前后衔接并有机地联系起来,使技术、战术、身体素质各方面都得到提高,保证运动员在重大比赛中处于最好竞技状态,获得最好成绩。在安排教学训练内容和训练步骤时,应遵循由易到难、由简到繁、由浅入深、循序渐进和逐步提高的要求。注意巩固已学过的知识和技术,经过多次反复的训练,以形成动力定型。

要科学地安排好训练和休息,以利于运动员消除疲劳,保持良好的运动能力。

(四)辩证训练原则

辩证训练原则涉及的主要内容有:特长技术训练与全面技术训练、有序训练与无序训练、一般对手训练与特殊对手训练。

1. 特长技术训练与全面技术训练

运动员的特长技术就是得分率和使用率最高的技术。形成特长技术是训练工作的重要内容。当然,特长技术不是一个孤立和单一的技术,要全面地认识特长技术。在突出特长技术的同时,还要考虑技术的全面性。

所谓全面技术,概括地讲,就是在技术上没有明显漏洞,在比赛中对方找不到致命的弱点。在处理特长技术和全面技术关系上,特长技术应当是主导性的,全面技术是辅助性的。全面技术是特长技术发挥的基础条件。可以说,只有具备了一定程度的全面技术,特长技术才能够在比赛中有效地发挥决定性作用。处理特长技术与全面技术关系的关键是:不宜使两者之间的差距太大。差距是应该有的,第一位是要有突出的特长技术,但它与第二位的全面技术之间的差距,不要形成特长与特短的关系,只宜形成第一、第二的关系。否则将使特短技术处于被抑制状态,不敢轻易使用。技术上的全面发展不是提倡平均地对待技术,或技术提高上的一般化,形成样样会,样样都不精,而是要求在技术比较全面的基础上,精练几种特长技术,作为得分的重要手段。在处理特长技术和全面技术关系上,认为特长技术应当是主导性的,全面技术是辅助性的。特长技术与全面技术相互关联,这是体操界的基本共识。

2. 有序训练与无序训练

有序训练与无序训练是体操训练中提高运动员技术和战术能力的有效手段,它们既有区别又相互关联。

所谓有序训练,也是常讲的有规律的训练。在训练安排中,教练员根据训练的目的和任务,对训练内容作出比较固定的规定。有序训练作用在于:第一,使运动员能够在条件刺激比较单一的训练环境中,比较快地掌握基本技术动作,形成动力定型;第二,比较快地学到和掌握基本战术的内容以及使用方法;第三,可以提高训练的密度,并且是在特定条件下,有针对性地去解决技术和战术上某些薄弱环节。

所谓无序训练,也就是常讲的无规律的训练。它强调的是对击球在力量、落点、旋转、节奏等要素的变化上不做规定。强调的是根据运动员技战术特点和比赛变化的需要进行与比赛实际情况近似的练习。无序训练的作用在于:第一,这种练习由于接近比赛的实际情况,可以有效地增大训练的技战术难度;第二,无序训练的变化体现了体操的复杂性,这样有利于对运动员技战术实战组合及运用能力的培养;第三,无序训练有利于运动员战术的养成。

有序训练和无序训练的作用,在体操系统训练不同的阶段中,有着不同的适用范围。在同一个训练阶段中,也存在着不同适用范围。训练的目的始终带有很强的针对性,不仅针对某一个比赛,还要针对到具体的比赛对手。

由于竞赛的频繁,训练与比赛的时间连得很紧,为了保证比赛任务的完成,无序训练的安排就比基础阶段大大增加了。但是,在无序训练中,为了解决某个特定问题,依然会一定程度采用有序训练来针对性地解决特定的技战术问题。

3. 一般对手训练与特殊对手训练

一般对手训练是指在技战术训练中,训练对手是在同队选手之间进行安排的。特殊对手训练是指在技战术训练中,训练对手是根据技术和战术快速提高和针对比赛对手技术类型打法进行安排的。由于训练水平和训练条件的不同,一般对手训练在体操基础训练阶段中所占的比例比较大,特殊对手训练在体操高级阶段中占有一定的比例。特殊对手训

第三章 体操训练理论与方法指导

练是体操技术和战术训练快速提高和比赛战术模拟实施所采取的一种重要训练手段。特殊对手训练包括陪助训练和模拟训练。

体操的陪助训练是指"强带弱,男帮女"的训练。

陪助训练的作用是:第一,在训练的初期、中期采用陪助训练是为了使训练对象缩短基本技术训练时间及提高技术质量。目前,全国少年儿童阶段的体操训练中,采用这种方法十分普遍;第二,在训练的高级阶段中,优秀女子运动员由男子运动员来陪练,即"男帮女练"。这种方法可以发挥男子运动员技术质量高的优势,增加女子运动员的技术训练强度和难度,有助于快速提高女子运动员的运动技术水平。

体操的模拟训练是指训练对手模仿比赛中对手技战术特点,为参赛运动员提供有针对性技战术训练的一种手段。模拟的具体方式是模仿模拟对象的技术动作、特点、战术变化等。模拟训练的实施时间是在比赛前的一段时间。

模拟训练的作用是:第一,使参赛队员对比赛对手产生专门的适应性;第二,有利于特定技战术迁移到与对手的比赛中去;第三,能够使运动员掌握战胜对手的技战术;第四,有助于运动员赛前良好心理状态的形成。

(五)合理安排运动量的原则

合理安排运动量,就是要求在训练过程中,根据对象的水平,逐步加大运动量,直至最大限度。因而每个训练时期运动量的加大,都应符合运动员的现有能力,都应是渐进的,有节奏的,在加量、适应、再加量、再适应这一不间断的提高过程中,求得身体各器官、系统机能的发展,加快技能、技术的形成和巩固。但适度疲劳,产生超量恢复,以提高机体的能力则是必要的。

一定的量就具有一定的强度,而强度对有机体的影响起着更为重要的作用。有机体能承担较大的强度,就能承担较小强度的较大的量。同样,有机体能承担较大的量,就能承担较小量的较大强度。随着量的增加,强度也可增加,强度增加了,又对量的增加提出相应的要求,两者相辅相成,互相促进,不断提高,从而形成运动负荷逐步增加的趋势。如果负荷停止在一个水平上,运动员的机体适应以后,不再提高运动负荷,则机体的机能能力就不能进一步提高,运动成绩的提高也将受到影响。

因此,从一定意义上可以说,运动训练过程,就是控制竞技状态发展的过程。至于在一个训练周期中,如何划分训练时期,则要根据国内外重大比赛日程和运动项目的特点来确定,以保证运动员在预定的竞赛日程里形成和保持最佳的竞技状态,创造优异的运动成绩。

(六)区别对待原则

这个原则主要是指在训练中根据运动员的个人特点(年龄、性别、身体条件、训练水平、特长、文化程度、个性等),因人而异地、科学地确定训练内容、要求、方法和运动量。少年儿童运动员各方面的条件千差万别,不仅起点不同,而且随着训练过程的发展,这些条件常会发生变化。因此,训练中必须贯彻区别对待的原则。从选材到培养,细致研究、分析他们的个人差异,采取不同的训练内容和方法,提出切合实际的要求。只有这样,才能迅速培养出具有较高运动水平的后备人才。

(七)长期性、具体性原则

要想培养出一流的体操运动员,必须认识到体操人才训练是一个长期、系统、具体的过程,必须根据青少年成长发展的规律,制定出多年训练计划,才可能开展有针对性的训练。青少年运动员的成长过程可以被划分为不同的层次,课时结构、训练课程安排需要与不同层次、不同年龄阶段青少年的身心特点相适应。

在此过程中,需要秉承如下训练理念。

(1)针对13岁以下的孩子,体操训练多采用游戏、娱乐、竞赛的方式,重在提升孩子的兴趣。

(2)针对13~15岁的孩子,重在培养孩子的技术能力,因为此阶段是技术形成的黄金期,孩子必须熟练掌握各项技术,保证技术动作的全面性、正确性,并开始进行战术素养的培养。

(3)针对15~17岁的孩子,重在培养其在激烈比赛中的竞技能力。

(4)针对17~19岁的孩子,重在激发青少年的比赛斗志,增强比赛的对抗性。

第三章 体操训练理论与方法指导

(八)训练与比赛相结合原则

为了保证体操训练活动的顺利开展,通常会将体育运动训练周期根据训练任务的不同分为不同的训练阶段,同时,这也要充分考虑比赛次数和层次等方面的要求,确保赛和练的安排得当。

一般来说,体操训练与比赛是相辅相成、密切相关的关系。根据不同运动员的运动水平的差异性,对于初学者和技术水平不高的队,所安排的比赛次数不能太多,而对于较高水平的运动队,比赛可以适当多安排一些,通过参加各种形式和规模的比赛来发现问题和解决问题。由此可见,训练与比赛结合是体操训练的一个十分重要的原则。

二、体操训练的方法

现阶段,探索更为高效、科学的体操人才训练方法已经迫在眉睫。

(一)小场训练赛

近几年,"小场训练赛"这种体操训练方法在国外流行起来,许多国家在体操训练大纲中加入了此种方法。然而,这种训练方法在我国并不常见,我国体操教师与教练员未能真正理解小场训练赛的实质,这种方法难以在实际训练中得到有效运用,一些教练员有心尝试此法,但由于缺乏理论基础,只能流于形式,草草收场。因此,深入解读小场训练赛这种训练方法极具紧迫性与必要性,有助于我国教练员尽快认识、理解、掌握此法,科学使用此法,提高我国体操人才训练的质量和效率。

1. 小场训练赛的定义

小场训练赛通过营造真实的体操比赛情景而闻名,训练中包含了正规体操比赛的各种元素。

小场训练赛是根据教学或训练任务对体操训练元素进行设置或调控,实现训练模式与真实比赛情景最大匹配地区别于传统体操训练的特定训练方法。具有明确的目的性、训练的针对性、设计的灵活性、对场地要求低等特性及很高的实用价值。①

2．小场训练赛的特点

小场训练赛具有非常显著的特点：目的性强；针对性强；对场地要求不高；设计灵活。教练员可以根据自身需要，自行设计训练时间、训练模式、训练规则、场地大小等。

3．小场训练赛的理论基础

小场训练赛的理论基础主要包括两个方面：迁移理论之"共同要素说"和模型理论。

(1)共同要素说。小场训练赛模式与正规比赛的所有元素相同，所以两种模式之间能够进行迁移。

(2)模型理论。小场训练赛通过模型训练模拟真实赛场上的各种情景，帮助运动员在最终的比赛中最大限度地发挥自身能力。

4．小场训练赛的实践操作

小场训练赛十分重视训练监控这一环节，教练员严密监控运动员的训练过程，获取准确的数据，最终精准把控运动员的状态和运动员身上需要解决的问题，小场训练赛的具体实践操作如图3-2所示。

小场训练赛中使用的试验仪器包括以下几种。

(1)全球卫星定位系统(简称"GPS")：记录运动员的跑动距离、跑动速度、加速度等。

(2)摄像机：记录运动员的技术、战术指标，例如，控球传球、射门等。

(3)心率遥测系统(利用20米往返跑测运动员的最大心率)：记录运动员在训练或比赛中的运动强度，此系统要想发挥正常记录功能，需要与GPS一对一配对。

(4)运动表现检测系统：负责对数据进行导入、分析。教练员根据运动员的具体情况，进行有针对性的设置，在训练过程中实施科学监控，分析监控数据，发现问题，再针对具体问题重新设计小场训练赛，使运动员

---

① 李虎．体操教学与训练方法——基于国外体操Small-Sided Games的解读[J]．广州体育学院学报，2020,40(2)：124-128．

的竞技水平得到逐步提升。

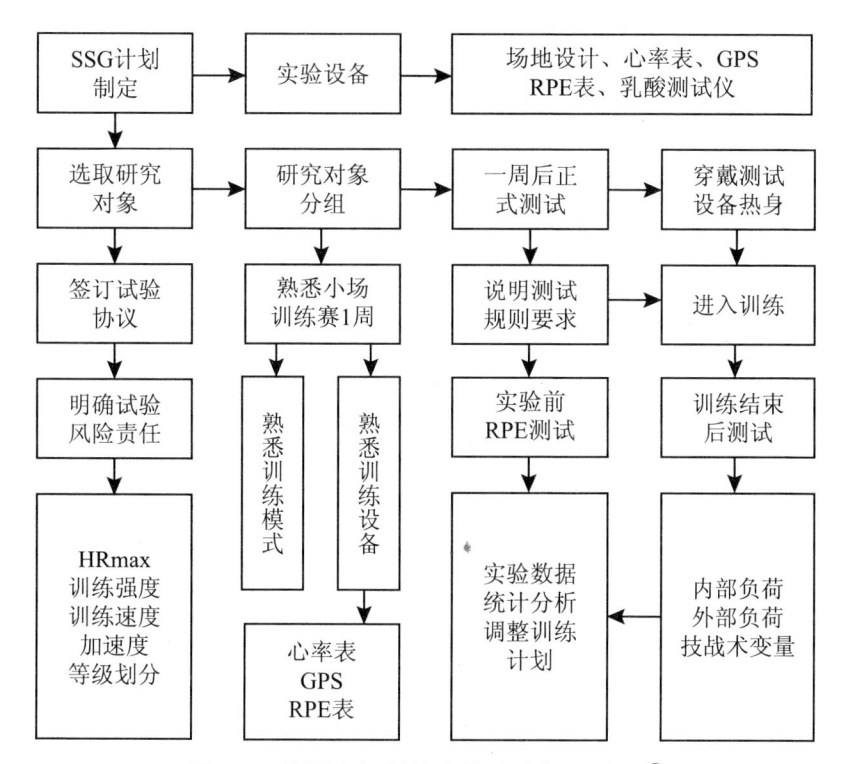

图 3-2　体操小场训练赛的实践操作流程①

(二)五步训练法

法国发明的五步训练法作为一种现代的探究式训练模式,以比赛为依据,以问题为导向,在一定程度上解决了实战中存在的问题,这种先进的训练模式、训练理念值得我们借鉴。

1. 五步训练课结构

(1)热身对抗。热身对抗的真正目的在于为训练拟定主题,根据主题内容开展热身对抗,赋予场地、运动员实际意义。通常情况下,教练员在训练中将运动员划分为两组,两组运动员拥有一致的目标,在确定好

---

① 李虎. 体操教学与训练方法——基于国外体操 Small-Sided Games 的解读[J]. 广州体育学院学报,2020,40(2):124-128.

训练主题后对双方运动员提出具体的要求。

在热身对抗阶段,随着训练强度、难度的增加,运动员不得不提升体操质量。教练员在热身对抗结束后,采用提问的方式帮助运动员发现自身在练习时出现的问题,并及时想出应对策略。

(2)协调性练习。对于青少年来说,个人的协调性十分重要,个人的协调能力影响着运动的速度和爆发力,与体操技能的发挥密切相关。因此,协调性练习是必不可少的,每节训练课都要有专门的协调性练习。在协调性练习中,通常需要使用多种器械,例如,绳梯、小栏架、跳绳等,不仅可以使用单个器械,也可以使用器械组合来开展训练。常见的协调性训练包括无球练习或有球组合练习。成人的协调性一般相对稳定,可以适当减少协调性练习的次数、时间。

(3)情景练习。情景练习的主要目的在于解决运动员在热身对抗中出现的问题,提取问题情景片段,在反复的情景练习中寻找解决方案。通常来说,教练员通过观察或多年经验发现运动员在热身对抗中出现的问题,在情景训练中,教练员针对具体的问题,安排运动员在不同的场地区域内进行训练。

(4)技术练习。运动员在情境练习中探索出的初步解决方案需要通过技术练习环节,才能得到真正的使用。技术层面是分析问题、解决问题的关键。运动员需要按照以下步骤开展技术练习。

①找到与主题相关的各项具体技术。

②简化练习方式。

③进行技术选择。

(5)比赛。在前四种练习的基础上,设计了比赛环节。此环节是为了检验五步训练课的训练效果,检验其实用性,看看运动员能否将训练所得运用于比赛之中。因此,运动员在比赛中要有明确的训练思路,根据训练主题用心体会教练员的训练意图。场外的教练员最好不要中断比赛的进程,对运动员有过多的限制。而是要认真观察,发现问题,在比赛后对运动员进行有针对性的指导,着手设计下一阶段的训练主题。

2. 五步训练法的指导原则

(1)行为主义。行为主义的基本观点认为,学习是经过不断强化建立起来的刺激(S)与反应(R)之间的联结:刺激→反应(S→R)。

(2)建构理论。建构理论关注于学习者在特定情景中解决问题的过程。认为学习是以自身经验为基础,通过与外界的接触,建构内在心理表征的过程。

体操五步训练法与上述两种指导原则息息相关(图3-3)。在五步训练法中,协调性练习依据行为主义理论的指导原则,通过不断重复的脚步动作提高运动员的协调性。技术练习中的分析性技术练习属于行为主义理论的范畴,而适应性技术练习属于建构理论的范畴。热身对抗练习、情景练习、比赛均以建构理论作为指导原则,强调主动性学习,采用模拟比赛、情景练习的新颖形式,帮助运动员在比赛场景中积极探索、认真观察、发现问题,并通过教练员的指导和个人思考解决问题。

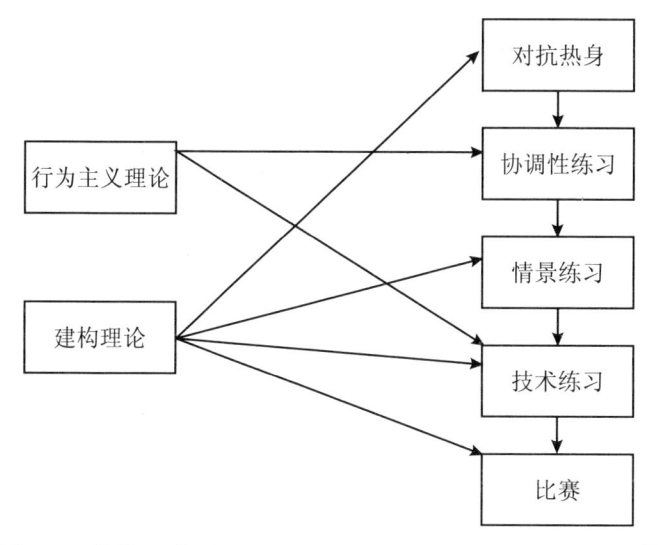

图3-3 体操五步训练法与两种具体指导原则之间的关系[①]

3. 五步训练法中常用的教学方法

教练员在五步训练法中常采用主动性教学法、指令性教学法两种教学方法。

---

① 余翔. 法国体操理念与训练方法研究[J]. 吉林体育学院学报,2019,35(5):29-37.

(1)主动性教学法。通过情景设置、提问等一系列方式方法,教练员鼓励运动员积极观察,自行发现问题,主动思考,寻找策略的一种教学方法。主动性教学法的灵活使用能够在很大程度上提升运动员在比赛中的思维决策能力。

(2)指令性教学法。为了提升运动员的技术能力、战术能力,教练员在训练中要求运动员进行大量有目的性的重复训练。指令性教学法通过技术、战术的大量重复练习,提高运动员的综合能力。运动员的思维决策过程通过技术、战术来表现,两者之间有着十分密切的关系。

两种教学方法相互配合,使得五步训练法有更好的训练效果。指令性教学法常常运用于分析式技术练习中,而主动性教学常在适应性技术练习中被使用。

(三)竞赛训练法

竞赛训练法,就是运动员在正式比赛的条件和要求下进行体育运动训练所用到的一种训练方法。一般来说,竞赛训练法不仅能有效检验平时的训练效果,还能使运动员创造性地运用知识、技术和战术以提升身体素质,除此之外,还能很好地提升运动员的应变能力和实战能力。

运用竞赛训练法进行训练,运动员之间还能相互交流经验,提升自身的技战术水平。竞赛训练法在运动员心理承受能力的提升、坚强意志品质的培养方面也发挥着非常重要的作用。

为保证竞赛训练法应用的科学性,应重点注意以下几个方面的要求。

(1)要采用适宜的运动负荷。采用竞赛训练法进行体操训练,能在一定程度上激发运动员的训练兴趣,提高训练的质量。因此,在采用竞赛训练法进行体操训练时,就要求以专项训练的需要为主要依据,来针对性地选择适合运动员特点的竞赛内容和形式,同时还要注意安排适宜的运动负荷。

(2)运用时机要合理。在训练的过程中,教练员要积极引导运动员进行训练,要在训练中不断提高运动员的自我控制能力,培养其优良的体育作风。需要注意的是,竞赛训练法不是任何时候都适用的,比如,在运动技能尚未形成之前和疲劳时就不能采用竞赛训练法,这样会对运动员的现有技术造成不良影响。因此一定要把握好运用的时机,科学地训练。

第三章　体操训练理论与方法指导

(四)游戏训练法

游戏训练法,就是运动员主要以游戏的形式来进行体育运动训练的一种训练方法。一般来说,游戏性训练能有效提高运动员训练的兴奋性,激发运动员训练的兴趣,同时,能够营造出轻松、愉悦的训练氛围,这些对于运动员训练的开展以及理想训练效果的取得都是非常有帮助的。

最后需要强调的一点是,游戏训练法在确定运动量时,切忌盲目性,一定要以运动员的自身特点和实际情况来确定。

第三节　体操训练计划的制订

要重视训练计划的制订工作。通过计划的制订和执行,可以更好地总结经验教训,使我们不断地由实践到认识,由认识到实践,逐步地认识和掌握体操训练的规律,从而使我们在训练工作中不断地有所发现,有所发明,有所创造,有所前进。训练计划要根据不同的训练任务和不同的训练对象进行制订。如学校代表队的训练计划和少年业余体校、体操集训队、短训班的训练计划,由于培养目标、具体任务、训练对象和训练时间不同,因此训练计划的内容也应有所区别。

一、训练计划的类型

按照训练计划时间跨度的长短,体操人才训练计划可以划分为五种不同的类型(图 3-4)。本节就五种计划的具体内容、安排做较为详细的阐述。

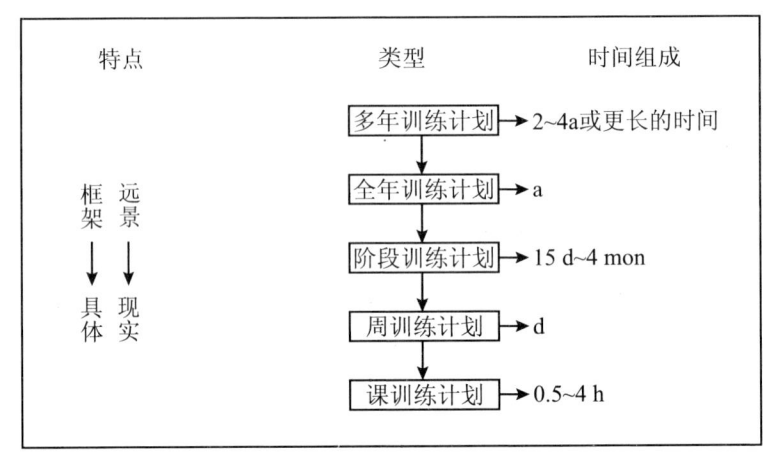

```
         特点              类型             时间组成

                     ┌──────────┐
                     │多年训练计划│→ 2~4a 或更长的时间
                     └──────────┘
        框  远        ┌──────────┐
        架  景        │全年训练计划│→ a
        │   │        └──────────┘
        ↓   ↓        ┌──────────┐
        具  现        │阶段训练计划│→ 15 d~4 mon
        体  实        └──────────┘
                     ┌──────────┐
                     │周训练计划 │→ d
                     └──────────┘
                     ┌──────────┐
                     │课训练计划 │→ 0.5~4 h
                     └──────────┘
```

图 3-4　训练计划的具体类型[①]

(一)多年训练计划

多年训练计划是一种长期规划,常以表格的形式呈现,其主要内容包括持续的奋斗目标、训练任务、比赛安排等。多年训练计划的制订需要充分反映出训练发展过程的蓝图,做到目标明确、任务具体、时间安排得当。但是因为青少年运动员在成长中会发生诸多变化,所以多年训练计划的制定有一定的难度。教练员可以在不同阶段设计有侧重点的训练内容,将运动员从基础训练到运动生涯结束的全程训练计划划分为多个区间训练计划(表 3-1)。

表 3-1　多年训练计划不同阶段的重点内容[②]

阶段划分	阶段任务	年限	训练重点内容
基础阶段	培养竞技能力的基础	4~6	协调能力,基本运动技能,一般心理品质,各种技术战术配合,基本运动素质
提高阶段	提高竞争力	5~7	体操比赛所需运动素质、实用技战术、心理品质,体操训练有关理论
创绩阶段	保持和进一步发展竞技能力	7~15	训练或比赛中心理的稳定性;训练或比赛中心理的稳定性;体操身体素质

[①] 郭颂.体操[M].北京:北京师范大学出版社,2008.
[②] 同上。

(二)全年训练计划

在多年训练计划的基础上,制订更为详细的全年训练计划。全年训练计划通常包括球队概况、训练指导思想、具体奋斗目标、训练基本任务和手段、比赛和训练负荷的安排、训练工作的考核等多方面内容。

全年训练计划没有统一的格式,教练员通常以自己习惯的方式在表格中清楚填写上述内容。教练员根据一年中运动员需要参加的比赛,对全年训练计划进行阶段性划分。不同训练周期循环进行,呈螺旋上升的趋势,前一个训练周期是后一个训练周期的基础,后一个训练周期对运动员提出了更高的要求。通过周期性的训练逐渐提高运动员的个人能力,帮助运动员在比赛中获得好的成绩。全年训练周期可以分为准备期、比赛期、过渡期三个小周期。

1. 准备期

此阶段的任务是:在比赛前,从身心上、技术战术水平上做好万全的准备,获得良好的竞技状态。准备期持续的时间根据全年竞赛的时间安排确定。准备期内的训练重点在一般身体训练上,随后逐渐增加技术、战术训练的相关内容,加大技术、战术训练、教学比重,与此同时,增加对抗性训练和有针对性的专项身体训练。随着比赛的临近,逐渐增加身体训练的强度,并有意安排模拟对抗比赛。主力阵容通过各运动员在模拟对抗比赛中的具体表现确定。比赛前一周,运动员需要降低自身运动量,缩短大强度训练的时间,适当参加一些中等强度的比赛,将自身状态调整到最佳,做好赛前思想准备。

2. 比赛期

此阶段的任务是:充分发挥最佳竞技状态,力争第一。比赛期的训练(主要指两场比赛之间的训练)需要紧紧围绕运动员在比赛中暴露出的具体问题展开,根据下一阶段比赛的需要,开展针对性训练,弥补技术、战术漏洞。在比赛期,运动员仍需要参与素质训练,保持良好的身体状态。比赛期的训练需要做到因人而异,特别是到赛程中后期,预备队员也需要提升训练强度,随时做好准备。

3. 过渡期

此阶段的任务是：调整训练强度与训练内容，消除运动员的身体疲劳、精神疲劳，为新的训练周期做好准备。过渡期内主要进行专项训练，帮助运动员做出积极调整。同时，注重总结与回顾本周期运动员的表现，以便更好地投入新的训练周期之中。

(三)阶段训练计划

在全年训练计划的基础上，根据各个时期的任务、要求，将全年训练计划划分为不同的阶段，制订阶段训练计划。制订阶段训练计划时，需要注意不同阶段之间的衔接，注重系统性，同时根据实际情况不断调整、完善训练计划，使计划有较强的针对性。

与多年训练计划、全年训练计划相比，阶段训练计划的时间跨度较小，其训练内容常以表格的形式呈现。训练计划的内容主要包括：阶段性任务、运动负荷量、训练时间、具体的训练内容与时数等。

(四)周训练计划

在阶段训练计划的基础上，确定本周的训练任务、训练要求，详细地安排训练时间、内容、运动负荷。

目前，欧洲、南美一些国家以及我国逐渐采用周赛制的竞赛制度。周赛制指一周进行一场比赛的竞赛制度，为了适应周赛制，制订周训练计划成为一项重要内容。周训练计划的主要任务是：帮助运动员调整到最佳竞技状态，力争在比赛中获得优异的成绩。

1. 主场、客场比赛周训练计划的特点

主场、客场比赛周训练计划的制订需要特别重视把握训练强度、选择具有连贯性的训练内容，这两者在很大程度上决定着训练质量。一般情况下，在主场有较长的训练时间，可以适当增加训练量、提升训练强度。而客场训练受到多种客观因素的限制，例如气候、环境、饮食习惯的不适应等，在训练量、训练强度等方面会有所降低。

第三章 体操训练理论与方法指导

2. 连续主场、客场比赛周训练计划的安排

连续主场、客场比赛周训练计划具有较为显著的特点,运动员通常在一次较大负荷的运动后,有1~3天的时间进行恢复与调整,保证在连续的比赛中维持良好的竞技状态。

教练员在确定训练计划中具体的运动量时,需要将帮助运动员在比赛日达到最佳竞技状态放在首位。众所周知,在进行不同负荷的运动后,运动员达到超量恢复所需要的时间不同,因此必须科学制订训练计划,保证身体各方面的超量恢复在较短的时间内同步实现,这种做法有利于运动员在比赛中取得优异的成绩。

3. 过渡准备期训练计划的安排

过渡准备期指两场比赛之间具有过渡性、准备性的时期。过渡准备期内的训练是上一阶段的延续,也是下一阶段比赛的预备期。因此,需要根据运动员的个人情况(主要指身体状况、专项能力等)以及准备期的具体周期合理安排运动负荷,选择具有针对性的训练内容、训练方法与手段。

过渡准备期可以被划分为小过渡期、小准备期两个具体阶段,各阶段持续时间的长短受竞赛制度、总训练时长的制约。

小过渡期的持续时间通常在5天以上,受运动员心理疲劳程度的影响。小准备期的持续时间通常在14天以上,这一阶段的主要任务在于解决本队在上次比赛中出现的重大问题。

小准备期内的运动负荷强度一般维持在2~4次大强度负荷。在小准备期内,除了要考虑提高运动员的机能水平外,还要考虑运动员机体的恢复。以我国甲A计划为例,小准备期内的训练内容通常为:25%~40%的身体素质训练,25%~35%的技术训练,40%~55%的战术训练,具体比例可以根据运动员的自身情况进行调整。在小准备期内,通常将大负荷训练课安排在周日,并且更加重视战术训练,不同队伍根据自身不同特点,调整技战术策略,最后采用模拟比赛、对抗赛的形式进行技术、战术演练。

(五)课训练计划

课训练计划是操作性最强、实践性最强、最具体的一种计划安排,相当于训练课教案。教案中需要涉及训练日期、训练时间、训练地点、训练内容、训练方法、训练手段等多项内容。

教案根据具体课程结构,通常由三部分组成,即准备部分、基本部分、结束部分。

1. 准备部分

准备部分又被称为"热身",主要目的在于充分调动有机体的活动积极性,促进有机体尽快进入工作状态。具体表现为良好的肌肉功能、心肺系统功能,注意力集中,神经系统具有一定的兴奋性,总之在身心各个方面为大强度的运动负荷做好准备。

2. 基本部分

此阶段的主要任务是完成教案中提及的各项任务要求。不同任务需要通过不同的练习方法、训练手段来实现。

3. 结束部分

此阶段的主要任务是采用一些常见的整理活动帮助有机体进行体能恢复。与此同时,教练对整堂课运动员的表现作出简单的评价,帮助运动员把握自身优缺点,了解团队的整体状况。及时、适当的评价有助于下一次训练课的顺利开展。

教练员在实施教案内容、开展课训练计划的过程中,需要做到以下几点。

第一,认真观察、监督运动员的练习手段,根据运动员的训练状态,及时调整训练课的组织形式。

第二,在训练课后做好记录,总结经验。

二、制订体操人才训练计划的具体步骤

(一)明确训练计划的价值

体操训练是一项由若干子系统构成的复杂工程,要想培养出全面型的体操人才,必须保证每个训练子系统之间衔接自然,实现最佳的输出效果。严谨的训练计划能够将待实现的训练目标科学地划分为一系列的训练任务,各任务之间保持相对独立和彼此联系。在各任务的指导下,将其具体化为多种形式的练习。体操运动员按照要求完成相应练习,逐步实现各层次的训练任务,最终达到训练目标,成为真正意义上的体操人才。

现如今,所有体操教练都十分重视训练计划的制订,特别是在体操训练中,训练计划的重要性更是不言而喻。青少年身心发育尚未成熟,个体差异明显,教练员需要开展有针对性、有侧重点的训练计划,为全面提升青少年的能力奠定良好的基础。

(二)遵循制订训练计划的依据

训练计划要想实现较好的效果,需要明确一些重要的制订依据。与此同时,因为训练对象、训练目标均存在一定的差异性,计划制订的依据应有所侧重。对于成年体操运动员来说,训练的最终目标通常是追求优异的比赛成绩;对于青少年体操运动员来说,训练的目标通常是培养人才。制订体操人才训练计划时,需要顺应青少年身心发育的特点,依据青少年的智力特点、心理发育特点、身体发育特点、身体素质敏感期,在不同训练时期选择不同的训练内容、训练手段。

(三)了解制订训练计划的基本流程

尽管训练计划有许多不同的类型,但制订各种类型的训练计划均需要遵循基本的流程。整个训练计划的制订工作按照时间程序可以分为三步(图 3-5)。

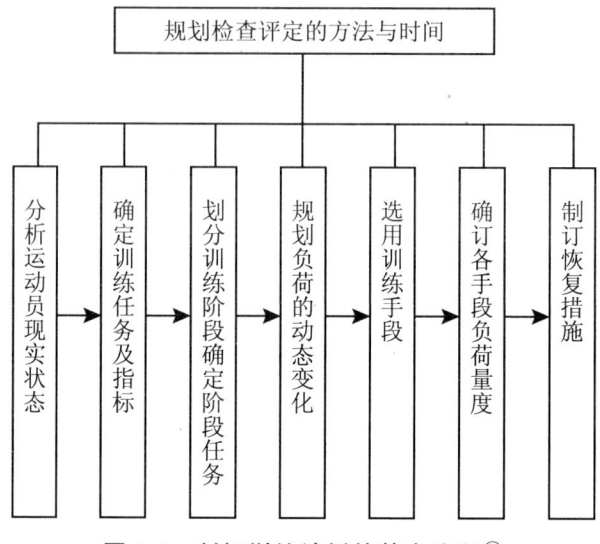

图 3-5　制订训练计划的基本流程①

(1)了解与分析运动员的现实状况,划分具体的训练阶段并确定每个阶段的训练任务。此步骤将确定训练任务、训练指标,并在不同的训练阶段实现训练指标的具体落实。

(2)安排与规划运动负荷,选择适宜的训练手段实现运动负荷的动态变化,实现阶段性目标与总体目标。

(3)制订运动恢复方案,选择有效的运动恢复措施。

(四)合理安排训练负荷

体操人才训练计划的制订需要合理安排训练负荷。安排训练负荷时,需要遵循大运动量训练原则,综合运用多种指标,例如生理、生化指标等,监控训练全程,敦促青少年运动员突破自身极限,充分发挥潜能。与此同时,需要遵循循序渐进的原则,实现大、中、小运动负荷的循环交替。

训练计划的制订还需要充分考虑青少年运动员的个人承受能力。训练次数、强度、时间,技术动作的难度、重复次数等多种因素相互联系、

---

① 童昭岗.体操[M].北京:高等教育出版社,2010.

相互制约,共同决定着训练负荷的大小。

1. 合理安排训练次数

尽管不同训练期对训练次数提出了不同的要求,但是每位青少年运动员每周必须保证基本的训练课次。

2. 合理安排训练时间

青少年运动员的基础较为薄弱,技战术水平较低,因此,需要适当增加训练时间,为今后在体操项目上的发展打下坚实的基础。

3. 合理安排训练强度

训练强度指有机体在单位时间内承受的负荷量。训练强度在很大程度上影响着训练的效果。一般而言,训练强度越大,机体消耗的能量越多,训练后超量恢复过程就愈发明显。因此,只有训练强度足够大,才能产生训练效果,提升运动员的水平。在实际训练中,训练强度最好以接近或略超过运动员最高训练强度为标准,发展青少年运动员无氧系统、有氧系统的供能能力,保证运动员在激烈的比赛中拥有较好的体力、耐力,达到最大跑动速度等。

训练强度有如下多种类型。

(1)极限强度训练。运动员训练时承受生理极限负荷量,每分钟心率达到自身最高值(超过180余次)。

(2)大强度训练。运动员训练时承受生理最大负荷量,每分钟心率达到180余次。

(3)中等强度训练。运动员训练时以自身极限负荷量的70%开展练习。

(4)小强度训练。运动员每分钟心率在120次以上。

三、训练过程的控制

体操训练是一个受多因素影响的过程,而许多因素都是不确定、可变的。在实施计划过程中常常会出现下列情况:计划本身不够合理,在执行中发现问题,没有严格按计划要求执行。各种因素又产生新的变化,原计划已不适应等。上述情况的出现,必将影响和干扰训练任务和指标的实现,为此,必须对训练过程进行有效的控制。所谓控制就是通过专门的方法和手段,操纵和调节训练过程,使其完成预定的目标,实现最佳化。

(一)控制训练过程的基本方法

按照控制论的观点,对训练过程实施控制,就构成一个控制系统。这个控制系统由两个相互依存、相互作用的子系统组成。其中一个为控制系统,即主动起作用的系统,由教练员和运动员组成;另一个为被控系统,即被动起作用的系统,这里则是运动训练过程本身。控制系统与被控系统之间的相互作用就是控制与反馈。所谓控制,指的是教练员、运动员对运动训练的过程的作用,这种作用是使训练过程朝着实现预定的任务、指标方向运动。所谓反馈是指运动过程对教练员、运动员的反作用。这种反作用必然使教练员、运动员对训练过程发生调节行为。

一般来说,控制系统都是利用反馈来实现控制的。通常我们根据比赛中发现的问题,采取措施,改进训练,就是一个反馈控制的例子。利用反馈调节,也是控制训练过程的基本方法,因此,在训练过程中,要随时注意各种反馈信息。训练中的反馈形式和内容是多种多样的,一般有如下几个方面。

(1)课堂观察,如完成训练的情况、质量,运动员的反映。

(2)教练员日记,运动员的训练日记。

(3)各种形式的检查、评定、测验、比赛。

通过以上形式获得反馈信息后,要及时对训练计划进行必要的调整,以保证用合适的方法、手段,恰当的比例要求,较高的质量进行训练。

(二)训练课的控制

训练课是训练过程的基本单元,因此对训练课的控制是对训练过程实行有效控制的基础。对训练课的控制是以教练员监督和指导的方法,通过信息传递的方式来进行的。信息传递的方式有以下三种。

1. 同步信息传递

教练员在运动员操作过程中进行信息传递,以便使运动员及时对动作进行调节和修正,其常用的方法有呼唤提示等。当动作持续时间短于0.5秒,由于反应过程的限制,运动员则不可能接受同步信息,改进动作。

2. 快速信息传递

教练员在运动员完成动作后,即刻将有关指示和要求告诉运动员。其时间不应晚于25秒,因为在25秒内,运动员对动作感觉的记忆率可达100%,超过25秒便会被遗忘掉20%～30%,其传递效果将会大大降低。

3. 滞后信息传递

在训练课结束后,教练员将课中获得的信息加工处理、分析,再将结果告诉运动员以改进训练。

四、制订训练计划应考虑的问题

制订训练计划关系到运动训练的具体实施,更影响到运动员训练水平的提高和比赛成绩优劣。制订训练计划不仅是教练员职责范围内的事情,而且对运动员来说,也是一件非常值得关心的事,因为训练目的和指标的确定,训练的实施,比赛成绩的取得,都要靠运动员的实践表现出来。教练员和运动员应密切合作,共同制订出一个切实可行,经过努力又可能达到预期目标的训练计划。

制订训练计划的依据,主要是根据训练和比赛任务、时间;根据运动员实际情况和现有水平。运动员现有水平需要通过对其起始状态进行诊断,包括调查研究,身体素质和技术测验,实战观察等。必要时要进行若干指标的测试,以掌握一些数据资料,做到心中有数。有了原始测验资料,在训练一定时间后,就可以进行复测对比,教练员利用所得到的教学训练的反馈信息,调整下一步的训练工作,修订训练计划。

教学训练的反馈——根据过去操作的情况,调整未来的行为。

反馈信息具有以下两种功能。

(1)反馈信息的调节功能。

反馈信息两种传递方向 { 教练员——调节教练员的训练工作 / 运动员——自我评定,并修正自己的行为

(2)反馈信息的动机作用功能。通过反馈信息,引起下一步学习训练活动的积极性的变化。

运动员的动机作用 { 内部动机作用——从运动员自身的兴趣和需要为基础 / 外部动机作用——从外部人为地施加的

从制订训练计划的过程图来看,在制订训练计划之前,应当做好一些准备工作,称为起始状态诊断,一般亦可叫作摸底测验。总之都是一个意思,即制订计划前要搞调查研究和必要的测验工作,根据经验,可从以下几个方面考虑。

(1)了解总的训练任务和时间。

(2)通过交谈了解全队或队员的情况和要求。

(3)通过技术练习和测验,了解技术水平。

(4)通过实战观察,了解队员个人的特点和存在问题(有条件时可对不同类型对手进行比赛)。

(5)全面身体检查。了解身高、体重和健康状况,伤病情况等。

(6)生理机能测验。如联合机能测验、台阶测验等,了解队员机能状况和训练水平(在医务监督人员协助下完成)。

(7)身体素质测验。教练员选择若干练习内容,对队员进行一般和专项身体素质测验。

另外,还需根据个人类型的特点,进行有针对性的重点训练,以及强化基本功训练,赛前特别要抓好技术风格训练。

(1)严格训练,严格要求,苦练加巧练,把集训队培养成为一支勇敢顽强,敢打敢拼,队员特长突出,技术比较全面,并具有良好技术风格的体操队。

(2)结合一定的专题研究任务,进行训练和比赛,提高专项理论水平和智力训练水平。同时编制两套专项身体素质的循环练习,分别在第一和第二阶段训练中采用,以提高专项身体素质水平。

(3)参加体操比赛。力争取得优异成绩,名列前三名。

第三章　体操训练理论与方法指导

训练措施如下。

(1)制订训练计划前,组织专项身体素质和技术测验,进行起始状态诊断。

(2)训练计划全队讨论,明确目的任务,统一思想,并要求按个人技术风格打法,按阶段制订出个人计划。

(3)训练第一阶段,加强基本功训练。

(4)根据队员不同类型的特点,分别有重点地提高队员专项身体素质。编制两套循环练习,进行专项身体训练。

(5)第一阶段每周安排一次训练。第二阶段每周安排两次训练。

(6)要求队员坚持记训练日记,每周进行周小结一次,每阶段进行阶段总结,不断提高训练质量。

(7)对外进行友谊赛,熟悉在市运会上将遇到的各区、县对手情况,赛后试行建立各兄弟队技术档案。通过竞赛活动,增强临场经验,提高实战能力,同时检查评定训练情况。

(8)除每周五次集中训练外,要求队员自己按个人计划练习3~5小时。

(9)赛前两三周,组织适应性比赛一次,届时邀请几个兄弟队参加。

(10)集训结束后,打完全市比赛,进行专题总结,要求每个队员写出技术总结一篇。

在体操训练课中,教练员经常安排统一训练和个人计划两段时间。为了提高个人计划这段时间的训练质量,教练员应当在每个阶段中,规定运动员制订出个人计划。一般原则是对于技术水平较低的队员,个人计划时间安排可少一些。随着技术水平的提高,或临近比赛时期,个人计划就要多些。由于在每次训练课中练习对手经常变化,故在制订个人计划的方案中,应提出对三种不同打法的练习对手的具体内容和时间分配。个人计划练习时间有个人主练和陪练两部分,只制订个人主练时的计划。

五、制订训练计划应注意的问题

(一)要做好调查研究工作

要在调查研究的基础上,从实际情况出发,找出训练工作中固有的规律性,作为我们制订训练计划的基点,而不能单凭我们的主观想象去制订训练计划。在进行调查研究时,要仔细地做工作,对队员的思想情况(参加训练的目的、意义的认识等)及训练水平(身体素质情况、基本技术情况、实战水平及技术理论掌握的情况等)要作全面调查了解,必要时要掌握一些数据,以做到心中有数。

(二)训练计划的科学性

衡量一个训练计划的好坏,最根本的标准就是其科学性。制订科学的计划,才能进行科学的训练。计划的科学性主要体现在两个方面:一是从实际情况出发,在制订计划时要考虑到运动员的打法构成,年龄特点,运动水平,技、战、身、心等特点及训练条件等因素,作为制订训练计划的重要依据;二是制订的计划,要能正确反映体操运动训练的基本规律及体操运动发展的规律,如运动量要恰当,手段选择要合适等。只看眼前,不考虑发展,即使实现了计划,也是落后的。因此,在制订计划时,要力求科学性强一些,片面性、盲目性少一些。

(三)要抓住主要矛盾

训练工作中矛盾很多,一定要全力找出主要矛盾,集中力量加以解决。在训练计划中要注意这个问题,反对把所有的矛盾平均相待。

(四)要注意留有充分的余地

技术在不断发展,队员在不断进步,训练中新的课题在不断出现,已经制订的计划往往落后于形势的发展,因此在制订训练计划时一定要注意留有充分的余地。

(五)不断修订训练计划

要定期检查计划执行的情况,不断修订训练计划。提倡训练之前有计划,训练过后有小结,不断地积累经验。

(六)其他

(1)在训练计划的制订中要坚持区别对待的原则。要坚持严格训练,严格要求的训练方针。在训练量的安排上要根据不同对象,科学地和有节奏地加以安排。

(2)学校的体操队要考虑到学校对学习和其他方面工作的安排情况,以便相互配合,互相支持。业余体校的球队也要注意这一点。

(3)训练计划的文字要简明易懂,必要时可配合一些表格加以说明。

第四章 体操学练的安全与保障指导

任何一项活动的参与者(包括领导者、组织者、指导者等),都需要有较强的安全意识。安全是体操运动的命脉,体操运动需要科学方法和手段来指导和处理。因此,需要在训练过程中考量安全性,构建安全保障体系,避免出现安全事故,给参与者的身心造成不良的影响。

本章通过对运动疲劳产生原因的分析,引导人们在体操运动后根据自身的身体状况提高自我的健身意识;通过一般的营养知识的介绍,使人们能通过合理膳食来保持体操运动后的较佳体质状态;通过对必要的运动损伤及处理的相关知识介绍,以期能最大限度地避免在体操运动中出现恶性事故,并能对一般的损伤进行必要的处理。

第一节 运动疲劳与恢复措施

一、运动疲劳、运动恢复的相关理论

参训人员在体操运动活动中极易出现运动疲劳现象,这属于正常现象,但是教练或学员需要采取一定的措施、科学的手段,及时消除运动疲劳。在体操运动安全保障体系的构建过程中,需要掌握运动疲劳、运动恢复的相关理论,掌握消除运动疲劳的基本方法,保证参训人员处于正常的身心状态中。

第四章 体操学练的安全与保障指导

(一)运动疲劳

运动疲劳指有机体的生理机能不能维持在某一特定水平或身体器官不能维持原有的强度。

1. 运动疲劳的分类

(1)按照不同的运动方式进行分类,可以分为快速疲劳与耐力疲劳。

快速疲劳:短时间内参加剧烈运动导致身体的机能下降。

耐力疲劳:长时间参加运动强度较小的运动导致身体的机能下降。

(2)按照不同的发生部位进行分类,可以分为脑力疲劳和体力疲劳。

脑力疲劳:大脑皮层细胞的工作能力因为受到运动的刺激而明显下降,出现广泛性抑制。心理疲劳往往伴随脑力疲劳出现,运动过程中若受到强烈不良刺激的影响,会对大脑皮层产生长久的损伤。

体力疲劳:从事高强度的训练导致身体的工作能力下降,产生疲劳。例如,出现肌肉酸痛、浑身乏力的情况。

(3)按照身体器官进行划分,可将运动疲劳划分为以下三种。

骨伤肌疲劳:运动引起的骨骼肌机能下降,肌肉酸痛等。

心血管疲劳:由于运动引起的心脏、血管系统及其调节机能下降。如运动后心输出量减少、舒张压升高等都是心血管系统疲劳的症状。[①]

呼吸系统疲劳:剧烈运动后引起的呼吸机能下降。常见症状为胸闷、喘不过气等。

2. 运动疲劳的产生机制

(1)能量耗竭学说。该理论认为运动疲劳产生的原因是人体在运动过程中消耗大量的能量,血糖浓度下降,但消耗的能量得不到及时的补充。

(2)代谢产物堆积学说。该理论认为运动疲劳产生的原因是乳酸、氨等某些代谢产物在肌肉内堆积,却又无法得到消除。

(3)离子代谢紊乱学说。该理论认为运动疲劳产生的原因是运动时

---

① 黄巧. 我国运动性疲劳与超量恢复理论沿革研究[D]. 西南大学,2012.

钙、钾、镁等离子代谢紊乱,影响了有机体的运动能力。

(4)突变理论。该理论认为运动疲劳产生的原因是有机体在运动过程中能量、力量极速消耗,有机体的兴奋性或活动丧失。能量代谢、机体力量、机体兴奋性的共同作用导致了运动疲劳。

(二)运动疲劳的恢复

学员在体操运动训练中发生运动疲劳现象时,身心健康会受到严重的影响。教练员需要时刻监控学员在训练中的表现,合理控制运动负荷量,制定科学的生活、营养制度,避免学员出现过度疲劳。与此同时,教练员需要了解运动疲劳的发展过程、处理方法,做到防微杜渐,帮助学员尽快从运动疲劳中恢复。

运动疲劳的处理办法主要包括以下几种。

1. 早期症状及处理办法

学员在运动疲劳早期常表现为:训练的积极性不高,不愿意投入训练活动中,睡眠质量低,食欲下降,头昏脑涨,运动能力有所下降等,少数学员会出现心烦意乱等不良心理状况。

教练员应该针对早期症状,采取有效的处理措施。例如,及时调整训练计划、降低运动负荷、变换训练方式等。通常情况下,经过及时调整,早期运动疲劳几天便可恢复。

2. 后期症状及处理办法

若早期产生运动疲劳时没有采取有效的处理措施,就会向更坏的情形发展。学员会出现较为严重的症状,例如,失眠、头痛、极易疲劳、出虚汗、体重不断下降、运动能力急剧下降等。更为严重的话,还会出现各器官系统的失调。

当学员出现上述症状时,教练员应该高度重视,及时停训或采取恰当的处理。例如,调整学员的生活制度,采取积极恢复措施,为学员适度增加营养、睡眠等。在症状严重的情况下,请专业的医生全面了解学员的病情,进行药物治疗。实践结果表明,若教练员采取恰当的处理方式,病情较轻的学员两至三周会痊愈;病情较重的学员两至三个月,更甚者半年才会完全恢复到正常状态。

运动疲劳恢复后,学员的体能还较差,教练员应该为学员制订有针对性的训练计划,逐渐加大运动量。

二、运动性疲劳的消除

运动性疲劳是指运动引起的肌肉最大收缩或者最大输出功率暂时性下降的生理现象。

(一)运动性疲劳产生的原因

运动性疲劳产生的原因是多方面的,主要有以下三方面。

1. 体育锻炼、运动训练方面的原因

运动时间长、运动量安排不合理,运动强度提高过快,总之是运动负荷安排不当或其他锻炼方法不当;训练内容安排单一;运动后没有及时采取有效的恢复措施,或者没有消除疲劳而继续增加运动负荷;体育锻炼或训练的目标过高,难以完成而导致心理压力较大;受伤或疾病中参加锻炼或训练、竞赛等。

2. 日常生活方面的原因

生活作息无规律、睡眠不足、吸烟、酗酒等;学习、工作压力较大;营养状况不良,各种营养物质摄取不足或营养不均衡等。

3. 健康方面的原因

患感冒、发烧等疾病仍然进行运动;肠胃不适,消化不良;患有各种传染性疾病等。

(二)运动性疲劳的处理

运动性疲劳是一种生理现象,对人体来说又是一种保护性机制。但是,如果经常处于疲劳状态,会影响运动者的身体健康和运动能力。对此,可采用以下一些对策。

1. 充足的睡眠

充足的睡眠是消除疲劳的基本方法之一,是必不可少的恢复手段。睡眠时间一般每天在 8 小时以上,大运动量训练时还要适当延长。睡眠的关键是质量。

2. 温水浴和局部热敷

进行温水浴可促进全身血液循环和新陈代谢,加速代谢产物的排出,有利于营养物质的运输,温水浴的水温一般应为 40℃ 左右,每次 10~15 分钟,最多不要超过 30 分钟。局部热敷对组织器官有扩张血管、加速血液流动的作用。热敷的温度一般在 47℃~50℃,持续 20 分钟。

3. 按摩

按摩可以改善局部或全身血液循环状况,促进代谢产物的消除,减轻肌肉的酸痛和僵硬,提高肌肉的收缩能力,改善关节的灵活性。按摩可用手动、水动或电动器械进行。

4. 活动性休息

活动性休息就是采用训练以外的其他肌肉活动方式来消除疲劳,达到休息的目的。如进行下肢训练时可以适当活动一下上肢,或者做一些短暂的放松运动。

5. 心理恢复手段

心理恢复手段是用听音乐、疗养、观看文艺演出、旅游等方法来缓解比赛时精神的过度紧张。具体的方法要根据运动员的爱好和外界条件进行安排。

6. 合理的营养

运动时消耗了大量的能量和营养物质,所以,在膳食中要增加含糖、蛋白质、维生素和无机盐的食物,如乳类、蛋类、肉类、动物内脏、蔬菜类等,还可适量服用一些如维生素B、维生素C、维生素E、ATP等营养补充剂调节中枢神经、扩张冠状动脉、改善心脏血液循环等。

7. 传统中医学方法

中药是我国独有的医学宝藏,应用中药消除运动性疲劳、促进体力恢复的研究已有20余年的历史。而且从现代医学角度看,许多有恢复运动性疲劳作用的中药没有被国际奥委会列入违禁药品名录。比如常用"黄芪""刺五加""丹参""参三七"等中药来进行补益和调节;"四君子汤"可以增加骨骼肌糖原含量;"复方生脉饮"有助于提高血红蛋白;"补脾活血复方"可促进自由基的清除,改善微循环,有利于机体新陈代谢,从而达到消除运动性疲劳的作用。但是,中药的抗运动性疲劳的作用机理还不清楚,尚未进行深入研究,因此,长期服用或出现其他病症要遵照医嘱。

8. 吸氧和吸负离子

训练后体内产生"氧债",肌肉和血液中堆积了酸性代谢产物,吸氧有利于偿还"氧债",增大血液中氧的饱和度,进一步满足组织的需要。吸氧对消除无氧训练后的疲劳特别有效。吸负离子可以改善心肺功能,提高心脏的泵血能力和血红蛋白的含量,进一步提高体能和运动能力。

(三)运动性疲劳的预防

(1)坚持经常性的锻炼与训练,以提高运动素质和能力。

(2)科学合理地安排锻炼内容,发展和锻炼与运动项目相适应的能力,身体各部位锻炼负荷合理交替,避免出现躯干局部过劳而导致整个机体的工作能力下降。

(3)合理安排饮食,均衡营养,增加体内能源的储备。如果在锻炼前5分钟饮用150~200毫升果糖溶液,可使机体增加耐力。

(4)提高心理素质,有助于预防运动性疲劳。良好的心理素质、顽强的意志品质能够积极地克服锻炼中出现的困难,提高运动能力,从而减缓运动性疲劳的出现。

三、超量恢复周期

(一)超量恢复

超量恢复是一项运动定律,同时也是一种训练现象。在运动中要系统考虑运动负荷、生物能量特征及二者的关系,基于对二者关系的正确把握而科学运动,逐步提高适应能力。在一个完整的训练板块中,应该同时具有高强度、中等强度和低强度的运动方式,三者交替进行,尤其是在两次训练的过渡阶段采用不同的训练强度,如此更好地促进身心的恢复,对此,在周期训练中要对两次训练间的恢复时间进行科学安排与合理调整,这是实现超量恢复的重要基础。

将超量恢复定律和原理运用到体操训练中具有诸多重要意义,具体如下。

(1)帮助人们在高强度体操训练中更好地应对刺激和处理压力。

(2)帮助体操训练指导者对具有结构完整的体操训练系统进行创建。

(3)对体操训练进行科学规划,训练后采取积极的休闲和恢复方法,使运动者身心很快就恢复到良好状态。

(4)预防过度训练和过度疲劳的发生,使教练员交替安排不同强度的训练内容,取得最佳训练效果。

(5)对有效的生理调节和心理调节方法进行设计与安排。

体操训练中运动者疲劳的积累与其在训练中出现的急性生理反应有关,疲劳积累影响体内平衡(图4-1),并降低身体机能能力。训练结束后,机体又重新恢复之前的正常状态,其中包含一个恢复的时期。机体要经过渐进的缓慢的过程才能恢复到正常的平衡状态,这个时间的长短与训练强度及引起疲劳的程度有关。训练强度大,但间歇时间适宜,那么很快就能恢复到平衡状态,达到超量恢复的效果。但如果运动强度

第四章　体操学练的安全与保障指导

大,间歇短,疲劳程度严重,那么恢复平衡状态的时间就会延长。

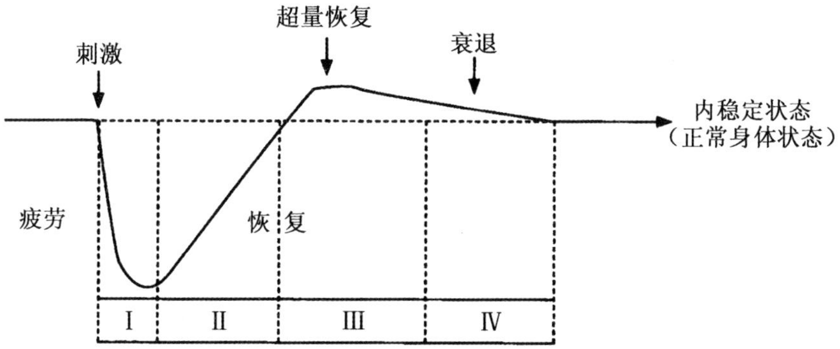

图 4-1　超量恢复周期[①]

超量恢复的结果是,会有一个新的、更高水平的平衡状态出现,从而对后面的运动和训练产生积极影响,实现运动效率的功能性增加,而这都是以超量恢复作为基础的,超量恢复是身体对训练刺激(负荷)适应和肌肉中糖原储存补给的结果。但若在最终训练阶段没有合理安排训练刺激,或两次训练之间间歇时间不合理,那么之前产生的超量恢复效果就会逐渐衰退,运动能力保持和训练前相同的水平,甚至不及运动前水平。

(二)超量恢复阶段

超量恢复周期有 4 个阶段(图 4-2)。

1. 第一阶段(持续时间:1~2 小时)

训练后身体会感到疲劳。运动性疲劳是通过中枢神经或外周神经产生的。疲劳是一个多层面的现象,由下列多种因素造成。

(1)肌肉神经中枢的活性降低,这通常与中枢疲劳有关,是机体对训练刺激的反应。

(2)运动性中枢疲劳会提高大脑血清素的水平,从而导致精神疲劳。

---

① (美)图德·邦帕,(美)格雷戈里·哈夫著,李少丹,李艳翎译. 周期 运动训练理论与方法[M]. 北京:北京体育大学出版社,2011.

精神疲劳的积累又会引起对训练的高度不适和对痛苦的忍受意愿。

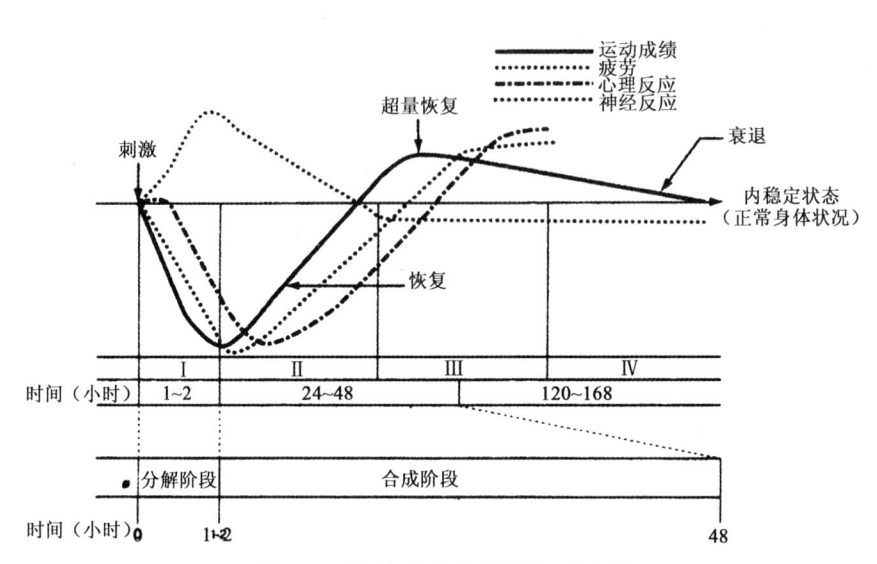

图 4-2 训练后的超量恢复反应①

(3)运动会削弱神经肌肉传递和神经冲动传播路径,削弱肌质网对钙离子的处理能力。酶作用底物的损耗及其他干扰肌肉收缩过程和运动性外周疲劳等因素相关。

2. 第二阶段(持续时间:24～48小时)

训练一旦停止,恢复阶段开始。这一阶段将发生下列情况。

(1)在运动停止3～5分钟里,三磷酸腺苷储量完全恢复,磷酸肌酸在8分钟内完全再合成。但经过非常大强度的运动之后,磷酸肌酸可能需要15分钟才能全部重新合成。

(2)肌糖原通常在20～24小时内恢复到基础水平。但如果发生了肌肉损伤,肌糖原的恢复时间则会延长。肌糖原的恢复速率受到恢复期间碳水化合物消耗量的影响。

(3)运动后耗氧量的增加被称为"运动后过量氧耗(EPOC)",这属于正常的运动反应。根据不同的运动形式和强度,EPOC可能在运动停

---

① (美)图德·邦帕,(美)格雷戈里·哈夫著,李少丹,李艳翎译. 周期 运动训练理论与方法[M]. 北京:北京体育大学出版社,2011.

第四章 体操学练的安全与保障指导

止后 24～38 个小时内仍保持升高。

3. 第三阶段(持续时间:36～72 小时)

这个阶段的特点是竞技能力反弹和超量恢复。
(1)运动后 72 小时,疼痛感消失,肌肉能力恢复正常水平。
(2)心理超量恢复开始出现,运动员自信心大增、精力充沛、思维活跃、有面对挫折和训练压力的能力。
(3)糖原贮备再次充足,恢复运动状态。

4. 第四阶段(持续时间:3～7 天)

如果运动员没有在最佳状态时期(超量恢复阶段)受到其他训练刺激,那么上一次训练所获得的训练效果就会衰退,即在超量恢复阶段获得的生理机能优势将会减退。

最佳的训练刺激之后的恢复阶段,包括超量恢复阶段,大约需要 24 小时。训练的类型和强度决定了超量恢复的持续期间。例如,在中等强度的有氧耐力训练后,大约 6～8 小时后可发生超量恢复,而高度依靠中枢神经系统的高强度运动要超过 24 小时才能发生超量恢复,有时时间长达 48 小时。

正常执行训练计划的优秀运动者要在未出现超量恢复的情况下进行第二次训练。如图 4-3 显示,训练次数越频繁,运动能力的提高就越快。当两次训练之间间隔过长时,如每周 3 次训练(图 4-3a),运动能力的提高幅度就比频繁训练(图 4-3b)中运动能力提高的幅度小。而当训练间隔时间较短时,必须调整每次训练的强度,这样才能使机体的能量供应很好地满足训练需求。

为了最大限度地挖掘体能活动能力,在体操训练中要有规律地挑战生理极限,以此来最大程度地挖掘人的适应能力,最终提高其运动水平。这意味着在训练中要交替进行高强度和低强度训练。如果安排合理训练计划,将会促进恢复,并出现超量恢复的效果。当人体适应了一种训练要求后,将会达到一个新层次的生理平衡,这时就需要一种更高水平的训练刺激来继续适应。当人体适应了这种新的、更高水平的训练要求后,又会开始一个新的超量恢复周期(图 4-4)。

图 4-3　整体训练效果①

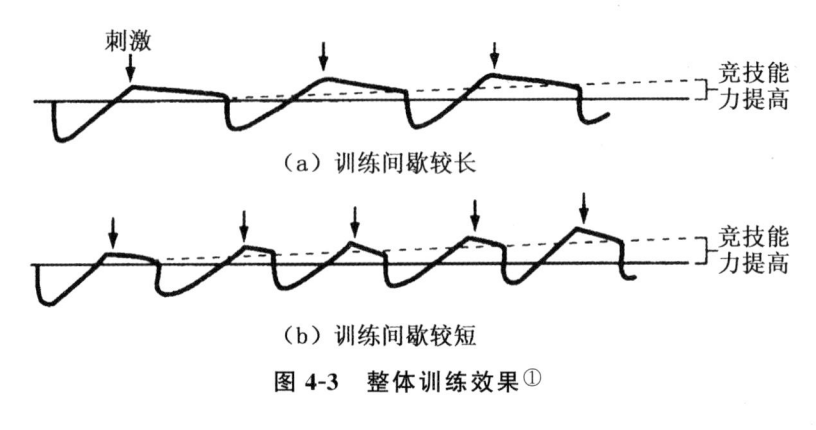

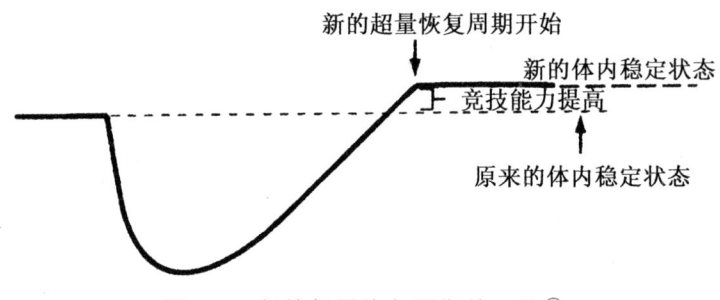

（a）训练间歇较长

（b）训练间歇较短

图 4-4　新的超量恢复周期的开端②

第二节　营养补充与建议

这里的营养是指人体从外界消化和吸收身体所需的物质，维持体操运动所需的营养，促进从事体操运动的人们的体质健康，同时增强其运动能力。对于体操运动员来说，合理的营养是指在进行大运动负荷的训练和比赛时所需要的液体、营养素以及能量物质，也可以指在不同环境、不同身体状态下从事体操运动时所需适当补充的饮料、营养品和多种食物。

---

① （美）图德·邦帕，（美）格雷戈里·哈夫著，李少丹，李艳翎译. 周期运动训练理论与方法[M]. 北京：北京体育大学出版社，2011.
② 同上。

第四章　体操学练的安全与保障指导

一、膳食与体操运动

营养素指碳水化合物、蛋白质、脂肪、维生素、矿物质、微量元素、膳食纤维和水,每天通过食物进入我们人体。

(一)膳食的合理构成

1. 谷类

谷类是指小麦、稻米、玉米、小米、大麦、燕麦与黑麦。谷物主要为人类提供碳水化合物和一部分蛋白质。

2. 蔬菜和水果类

蔬菜为人体提供各类矿物质和微量元素,包括钾、钙、镁和铁,海洋中的植物还提供大量的碘;水果有特别的色、香、味,能提供丰富的维生素C,跟蔬菜一样,其纤维可增加肠道蠕动,有利于人体废物和有害物质的排泄。

3. 鱼、肉、禽、蛋类

鱼类包括淡水鱼和海洋鱼。淡水鱼大多含有少量的结缔组织和胶原纤维,肉质较嫩,易消化;海洋鱼含有不饱和脂肪,有较高的热量。肉类泛指畜禽类肉,一般指动物的肌肉,肉类往往含有不同程度的脂肪和胶原纤维,能提供人体各种氨基酸,是优质的蛋白质,其中还包括一些矿物质和微量元素,容易被人体的酶所消化而吸收利用,对人体新陈代谢作用很大。禽类的蛋和肉类一样含有较高的营养价值,由于是禽类的胚胎,含有人体必需的各种营养,是最方便食用的天然食物,适合多种人群。

4. 奶类和豆类

乳制品、豆制品等食物中富含蛋白质和维生素,平时的食物摄取中一般都能满足运动员机体的需求。

5. 油脂类

油脂是油和脂肪的统称。在室温下呈液态的叫油,呈固态或半固态的叫脂肪。油脂是人体重要的供能物质,并能在人体内储存起来,成为维持生命活动的备用能源物质。

体操运动员通常在膳食中增加谷类用于更多的能量消耗;蔬菜类、水果类及饮料的增加,用于补充更多营养素,满足补充体液和调节人体物质代谢的需要;肉类、奶类等增加,是为了补充在体操运动中流失较多的蛋白质等所需。

(二)膳食平衡注意事项

1. 保持营养素和热量的平衡

膳食平衡主要指的是营养素的摄入要均衡,能满足机体的各种需求。我国的营养学会还特意制定了符合我国国民习惯和特点的每日营养摄入标准。运动员在参加运动训练时,营养的摄入一定要充足,同时还要根据自身的具体情况合理地调整营养素的摄入,使营养的获取达到一个平衡的状态。运动员参加体操运动训练,运动量一般都比较大,因此补充充足的营养是非常重要的。在各种营养素的摄取中,糖、蛋白质、脂肪等"热量营养素"尤为重要,一定要进行合理的补充。

2. 保持酸碱的平衡

每一名运动员都是不同的,其身体素质都存在着一定的差异,不同人体的酸碱度是不同的,通常情况下,这些酸碱度保持在一个平衡的状态,如果膳食搭配不佳就有可能打乱这一平衡状态,导致人体酸碱失衡,这对于人体的健康是十分不利的。运动员长期参加运动训练,身体会产生过多的酸性代谢物,这些代谢物对人体的健康有一定的危害,容易致使人体出现疲劳现象,甚至可能引发运动损伤。因此补充一定的碱性食物是十分有必要的。

二、营养补充的意义

在体操运动的过程中,应进行必要的营养补充,满足机体对各种营养素的需求。由此可见,营养补充具有十分重要的意义和作用。一般来说,营养补充具有以下几个方面的意义。

(一)增强运动能力

1. 补充能量物质

长时间参加体操运动,运动者的身体难免会出现一定的疲劳现象,导致这一现象的主要原因在于水、无机盐以及矿物质等各种营养素的流失,因此,及时进行营养素的补充是尤为重要的。通过补充各种营养素,人体疲劳状况才能得到缓解,人体能量得以恢复后才能更好地参加体育运动锻炼,进而提高运动锻炼的效果和质量。

2. 储备后续能量

运动者长时间参加体操运动,机体会消耗大量的能量,如果不及时补充就不利于运动锻炼的顺利进行,甚至还会导致运动损伤,影响人体健康。另外,通过营养的补充,还能为接下来的活动储备必要的能量,保证体操运动的顺利进行。

3. 提高身体免疫能力

参加长时间的体操运动,人的机体会消耗大量的营养物质,长期如此,人体的免疫力就会大大降低,如果不及时地补充营养物质,机体的内分泌和免疫系统等就会受到极大的破坏,危害身体健康。因此,及时补充营养是十分重要的。

4. 加速恢复体能

长时间的训练后,人体会消耗大量的能量,因此进行营养物质的补充是尤为必要的,在这样的情况下,人体中的有机物质就可以快速合成,满足身体需要,恢复体能。在体能得到恢复后,运动机体才能参与正常的活动。

(二)补充营养损失

一般来说,体操运动的时间都比较长,运动强度也不小,在这样的情况下,人体的新陈代谢速度会进一步加快,营养物质也会被消耗殆尽,如果营养补充不及时就容易导致运动损伤。

在补充营养物质的过程中,运动者切忌盲目补充,补充营养物质要有一定的合理性。在各种营养素中,维生素的补充至关重要,维生素的供应量要维持在一个合理的范围,既不能过量也不能过少,如此才能保证机体处于正常水平,为体操运动训练的顺利进行提供良好的保障。

三、各类营养素的补充建议

碳水化合物、蛋白质、脂肪被认为是三大能量物质,运动员在体操运动中三者需按一定的比例摄取。碳水化合物相对来说是最佳的能量物质,可以促进肌肉的收缩和恢复。三大能量物质的相互调节能够优化神经与肌肉的配合,便于运动员在体操运动中完成各种技术动作,实现战术意图。除此之外,其他各类营养素的补充也不可或缺。

(一)糖的补充

碳水化合物的种类很多,其中单分子结构的葡萄糖,能快速地进入血液,引起体内胰岛素增高。葡萄糖是肌肉活动的主要燃料,所以,包括体操运动员在内的大负荷运动的参与者对此尤为关注。此外,有氧糖酵解产生的ATP(三磷腺苷)更多且反应速度更快,提供能量的效率更高。但碳水化合物在体内不像蛋白质和脂肪那样容易储存,因此,运动员如何在体操运动中补充碳水化合物,便成为一个非常重要的技巧。

人们无论参加何种活动,都需要保障糖的补充。通过一定的营养策略增加肌糖原的储备是最直接的延缓运动性疲劳、维持竞技能力的有效

第四章 体操学练的安全与保障指导

手段。如果在训练过程中及时地补充糖,可以为机体提供额外的能量来源,增强运动技能、延迟疲劳感的出现,甚至还可以有效预防和改善情绪状态。但是注意要根据运动员的体重、活跃肌肉的体积、运动负荷来确定具体的摄入量,同时运动员的总体饮食目标和训练反馈也是重要的参考依据。一般而言,中等强度的训练,每天糖的摄入量加以在5~7克/千克;如果是高强度的训练,每天糖摄入量增加到6~10克/千克;如果进行的是超强度训练,例如每天都保持4至5个小时的高强度训练的话,那么每日的糖摄入量为8~12克/千克。

体操运动会消耗人体大量的能量,为保证机体最佳状态,可以在训练前每天通过摄入8~12克/千克糖来最大程度地提高内源性糖原储备。为了保持良好的运动状态,在训练中可以每10~15分钟就补充6%~8%的碳水化合物电解质溶液,这样能有效延缓运动疲劳,保证机体以良好的状态投入运动之中。

在训练后,糖原已经被大量运动所耗竭,如果想快速恢复则需训练后每小时摄入1.2克/千克的碳水化合物。

(二)蛋白质的补充

蛋白质进入人体后变成氨基酸,才能合成身体所需的特定蛋白质而被吸收,同时,在人体内的碳水化合物、脂肪不能满足能量供给时,也可以提供能量,生成所需的碳源。

如果训练时间长且强度大,会造成肌细胞损伤和蛋白质分解,对应的就需要在运动间歇及训练后及时修复和更新。这时需要适量地补充蛋白质修复损伤及增加肌肉蛋白合成,同时促进糖原恢复、减少肌肉酸痛。

但并不是蛋白质摄入多多益善,过多的蛋白易导致内环境酸化,加重肝脏与肾脏的负担,反而引起疲劳感。运动员应根据训练强度、运动量、年龄、总能量摄入确定具体的蛋白质补充剂量,但是注意应该保证补充的都是优质蛋白,建议主餐至少摄入20~25克的蛋白质。

蛋白质的吸收与合成利用,受时间因素的影响。一般来说,在运动后3小时内肌蛋白的合成达到峰值。那么在训练后,除了补充糖之外,蛋白质也应该及时补充。此外,如果能够在睡前摄入蛋白质饮料,可以在夜间促进肌肉蛋白合成和修复速度,改善肌肉力量和质量。

(三)脂肪的补充

脂肪的有效供能可以节约运动中机体糖原的消耗,从而起到增强体能、延缓运动疲劳出现的作用。但是同时应该注意控制脂肪的摄入量,过多的脂肪又会增加代谢氧耗,增加体脂和体重,降低肌肉做功的能力,从而影响了运动能力。其中最显著的如 Ω-3 脂肪酸,它对改善心脏功能、耐力以及延缓肌肉酸痛等均有一定的效果。

应该承认,脂肪在体内是高度浓缩的燃料,但由于不是高效的能量物质,过多地摄入对从事体操运动的帮助并不大,而且容易使身体体重超标。体操运动员需摄入一定的脂肪,以确保体内充足的能量和营养摄入,脂肪通常在体操运动中贡献 30% 以上的热量,维生素 A、D、E、K 也必须借助脂肪才能被吸收,人体自身无法合成的某些必需脂肪酸也需要适时补充。一般认为,长时间进行运动强度低的有氧运动,脂肪燃烧的比例就会很大。选择体操运动,进行长时间而间歇性的大强度运动,可以合理地消耗体内的脂肪。

(四)电解质的补充

一般情况下,人体在运动中水合状态可用尿液比重 USG 来评估,USG 的测量值越高说明运动员脱水程度越严重。在参加体操运动的过程中,如果补水不及时,会造成肌肉痉挛、力量和耐力均减弱的现象。有研究发现,在体液损失程度从 1%～4% 的过程中,运动者的运动能力会大幅度下降。同时,如果补水过多不仅会增加肠胃负担,而且大量的水分使血容量增加,增加心脏负担,从而降低运动能力。因此,电解质的补充对运动者体能的维持以及延缓疲劳十分重要。运动者在参加体操运动前,一定要制定个性化的补水方案。在训练前和训练中饮用一定量的运动饮料,可以起到维持机体电解质平衡、加强运动表现的作用。

(五)维生素的补充

大量的研究与事实表明,维生素可以调节机体生理生化过程,参与能量代谢。比如 B 族维生素可参与能量代谢和肌肉的修复和生长。因

第四章 体操学练的安全与保障指导

为运动者日常大量的运动训练,对维生素 B 族的需求非常高。而维生素 D 可以提高机体快肌纤维的数量和直径,提高肌肉力量、平衡能力和反应时间。在参加体操运动训练时,适当地补充维生素是非常有必要的。

(六)钙、铁的补充

钙是参与肌肉收缩、神经调节的重要营养物质,对于运动员来说钙尤为重要,它可以保障运动者健康的骨密度和避免骨折的风险。运动者在参加体操运动的过程中,时常会出现一定的运动损伤,尤其是骨骼方面的运动损伤比较多,因此注重钙和铁的补充是非常重要的。

铁是人体重要的营养素。如果铁的补充不及时,就会出现各种各样的问题:一方面体现在血红蛋白和肌红蛋白的合成减少,从而导致组织细胞摄氧量减少;另一方面还会导致线粒体呼吸链的成分活性降低,影响 ATP 的生成,从而影响运动员的速度、耐力和成绩。因此,在体操运动训练过程中一定要注意铁的补充。

(七)营养剂的补充

营养剂的补充包括肌酸、抗氧化剂、碱性物质等。他们是在膳食营养的基础上,对因为高强度的训练致使身体在短时内大量的体能消耗的一种有力的补充手段。目前被广泛地应用于各种运动项目的运动员的日常训练中。

1. 肌酸

肌酸是一种非常重要的营养补充剂。补充肌酸主要是为了提高肌肉内肌酸储备,从而加强糖代谢,进而对促进肌肉收缩后磷酸肌酸和 ATP 的再合成起到有效的帮助。适量的补充肌酸,可以提高运动者在运动中短时、高强度动作的运动表现。需要注意的是,在使用肌酸时,尤其在湿热环境下参加体操运动时,要配合一定量的水的补充,如此能有效防止痉挛和拉伤。

2. 碱性物质

在进行长时间的体操运动后,运动者体内会累积大量的乳酸类代谢物质,这些乳酸类物质已经远远地超过血液和骨骼肌内的缓冲物质。因此机体内的稳态环境遭到破坏,糖酵解中磷酸果糖激酶活性受到抑制,使糖代谢供能效率降低,此时运动者就会感到疲劳,运动能力明显下降。如果及时地补充碳酸氢钠就可以大大增强细胞外液的缓冲能力,那么即使在高强度分运动中,也能保持肌肉的pH值接近正常水平。

3. 抗氧化剂

在经过长时间大运动量的训练后,运动者机体内会产生严重的氧化应激和炎症反应,从而降低运动能力,但是通过补充抗氧化剂,能够有效地提高高强度的技战术训练期运动员的竞技能力。抗氧化剂主要是指维生素C、维生素E和β-胡萝卜,他们可以清除由高强度运动引起的过多的自由基,从而可以轻松维持机体氧化应激的平衡状态。一般常用的方法是食用葡萄籽提取物,它可以有效改善机体的氧化应激稳态失衡,还可以保护细胞免受氧化应激损伤,从而提高运动者的运动表现。这对于运动者参加体操运动都具有积极的意义。

四、能量物质的补充策略

能量物质的补充,一般来源于饮食,而饮食的分解和吸收需要有一个健康的消化系统。食物从口中进入,首先到了胃,低脂肪食物会在2个小时内排空,而高脂肪食物会在10小时后排空。水在胃里只停留十几分钟;小肠是消化和吸收胃里被液化食物的场所,历时2小时,与胃清空食物过程同步进行;经小肠消化吸收的残渣,进入大肠再吸收,停留时间一般为18~30个小时,如果没有适量的纤维,停留的时间会更长。体操运动的大强度训练和比赛,须在胃排空的情况下才能进行。

运动员参加训练和比赛会消耗机体大量的能量,因此在运动中适当增加能量是十分必要的。能量物质的补充可遵循以下策略。

第四章 体操学练的安全与保障指导

(一)运动前、后要补充足够的能量物质

运动需要消耗大量的能量,因此在运动前要提前补充好能量物质,但不能立即进行剧烈运动。运动后,一些人想通过减少能量物质总摄入来减轻体重,但这种方法是以减去去脂体重为代价来降低体重,会使肌肉重量减少,降低新陈代谢对热量需求,同样也会降低对脂肪的代谢率。选择性地摄入低热量食物,也是不足取的,因为低热量饮食会同时降低其他所需营养物质的摄入,特别容易增加骨密度降低的风险。

(二)能量补充的时机

晚餐虽然能使人体大量摄入能量物质,从而使体操运动员达到能量平衡状态,但在体重稳定的情况下,身体脂肪含量却会明显提高。为了下午的运动,中午也可能过量进餐,运动完之后很晚再进食,也会导致肌肉重量降低,脂肪重量增加的状况。人体血糖水平往往在饭后随即升高,然后趋于稳定,3小时后则下降。所以可采用少量多餐的饮食办法,既解决能量物质摄入不足,又解决能量物质摄入过剩的问题,只要保持血糖水平相对稳定,就会使人体供能系统稳定。

(三)液体摄入

体操运动员的长时间、大强度的运动,必然会失去大量的体液,体液不是直接的能量物质,但在运动过程中,几乎所有热消耗都源于汗液蒸发,同时肌肉需要更多的血流量来传送营养物质和清除新陈代谢的副产物。一般人一天大约损耗0.5升水,而从事体操运动的运动员,一般每小时损耗约1升水,当然,在炎热和干燥的天气里,会达到2升。根据水分在人体胃部停留15分钟的规律,可采用每15分钟饮用200毫升左右的液体的策略;对于大运动负荷后流汗较多的情况,建议摄入含钠6%~8%的液体,当然,液体可以是白开水、茶水、果汁和碳酸饮料,根据个人的口感、爱好而定。

第三节 运动伤病与处理

一、运动伤病、运动处理的相关理论

在体操运动安全保障体系的构建过程中,需要掌握运动伤病、运动处理的相关理论,保证参训人员的人身安全。

(一)运动伤病及其类型

"伤"通常指人体组织受到的损害。"病"通常指有机体身心的不正常状态。"运动伤病"指有机体在运动过程中发生的各种损伤、疾病。例如,运动中发生的肌肉痉挛、骨折、关节脱臼、擦伤、挫伤、骨膜炎、韧带扭伤等属于运动性损伤;运动中人体出现的腹痛、贫血、血尿、蛋白尿、昏厥、中暑及猝死等属于运动性疾病。[①] 运动伤病症状较轻,可能会影响身体健康、锻炼效果;症状较为严重则可能会危及生命。在体操运动中,容易出现各种各样的运动伤病,教练员应该采取一定的救助手段,帮助患病者减轻痛苦。

1. 运动损伤的类型

为了更好地对伤病患者展开诊治与治疗,需要了解运动损伤的具体情况,了解运动损伤的类型。

(1)按照受损伤的组织结构进行分类,运动损伤可以分为皮肤损伤、关节损伤、内脏器官损伤等。

(2)按照受损伤的体征进行分类,运动损伤可以分为开放性损伤和

---

① 王海源.常见运动伤病的救治与处置[J].连云港师范高等专科学校学报,2016,33(2):85-89.

闭合性损伤。常见的开放性损伤有擦伤、刺伤等,有外在伤口,容易受到感染;常见的闭合性损伤有肌肉韧带损伤、关节脱位等,虽然没有外在伤口但是患者往往疼痛难忍。

(3)按照受损伤的程度进行分类,运动损伤可以分为轻度、中度、重度伤等。一般情况下,轻度伤不会影响有机体的正常活动,还可以进行锻炼;中度伤在受伤后会造成局部活动受限,必须减少受伤部位的活动;重度伤则需要停止任何活动,患者需积极接受治疗。

(4)按照受损伤的病程进行分类,运动损伤可以分为急性损伤和慢性损伤。急性损伤通常指人体在瞬间遭受暴力,立刻出现异常症状;慢性损伤通常指由于损伤累积而造成的劳损或陈旧性伤病。

2. 运动疾病的类型

运动疾病指因剧烈运动引起的机体不适,运动疾病有多种类型。

(1)按照病况进行分类,运动疾病可以分为循环系统疾病、呼吸系统疾病、消化系统疾病、泌尿系统疾病、造血系统疾病。

(2)按照病因进行分类,运动疾病可以分为运动性中暑、运动性冻伤、溺水等。

(3)按照病势进行分类,运动疾病可以分为慢性病和急性病。常见的慢性病有运动性贫血、过度疲劳等,常见的急性病有运动性昏厥、运动性猝死等。

(二)运动伤病的处理

通常情况下,运动伤病的发生毫无预兆。因此,运动伤病的处理具有"临时急救"的特点,以快速、紧急处理伤情为主。若采取的救治方式不当或救治不及时,极有可能对伤病者造成严重的伤害。为减少运动伤病的不当处理,普通民众需要了解基本的救治操作和救治常识,以便在危急时刻实施正确的自救或互救。

1. 闭合性损伤的处理

闭合性损伤常常发生在关节部位,一般由钝力造成,无体表皮肤、黏膜的破裂。患者的受伤部位通常会出现局部肿胀、功能障碍,按压时有明显的痛感。体操运动中常见闭合性软组织损伤,例如,因失手造成的肌肉拉伤、挫伤、脱臼等。

若发生了闭合性损伤,可做如下处理。

(1)制动。有机体立刻停止运动并限制受伤部位的活动范围,认真诊断损伤部位,明确受伤程度。绝对不能采取热敷、按摩等手段,增加炎症反应,减缓愈合过程。

(2)冷敷。伤者受伤后,可在48小时之内进行冰敷,以降低组织温度、促进血管收缩,减轻疼痛,防止受伤部位发炎或肿胀。

(3)包扎。用纱布或绷带将受伤部位包住。包扎这一步骤非常重要,不仅可以对受伤肌肉、韧带、骨骼起到一定的支撑作用,还可以防止出血、淤血,防止再度受伤,伤情恶化。

(4)抬高伤肢。受伤者的受伤部位需要抬高至心脏以上,以起到消肿的目的。

2. 开放性损伤的处理

开放性损伤通常在损伤部位有明显的伤口,处理不当,极易造成感染。擦伤、割伤、刺伤、裂伤等在体操运动中十分常见。擦伤是指皮肤被粗糙物体擦破,表皮破损,伤口有擦痕、血点,有组织液渗出;割伤是由锋利器物所割破,伤口有不同程度的出血现象;刺伤是由尖锐物体刺入身体所致,伤口小而深,极易发生伤口感染化脓;裂伤主要因钝器打击所致,伤口参差不齐、组织破坏缺损、有不同程度出血,故伤口容易发生感染。[1]

若发生了开放性损伤,可做如下处理。

(1)止血,即防止受伤部位大量出血。常见的止血方法有以下几种。

①加压包扎法。此方法用于小伤,需要先清洗伤口,再用绷带进行加压包扎。

②指压止血法。此方法分为直接和间接两种,直接指压法指用手指直接接触伤口,压住出血部位,容易使患者受到感染;间接指压法指用手指压住出血动脉附近的血管以阻断血流。

③鼻血止血法。用药棉塞住伤者的鼻孔以止血或让伤者平躺,将冷

---

[1] 王海源.常见运动伤病的救治与处置[J].连云港师范高等专科学校学报,2016,33(2):85-89.

毛巾敷在伤者的前额、鼻部。

(2)包扎。此方法作为运动损伤中常用的处理方法,具有保护伤口、止血、减轻疼痛等作用。常见的包扎方法有以下几种。

①绷带包扎法,即用绷带、纱布等对伤部进行缠绕,限制受伤肢体的活动范围。常见环形包扎法、8字形包扎法等。

②三角巾包扎法,即用三角巾对伤部进行缠包。三角巾包扎法可用于头部、面部、胸部等诸多人体部位。

二、运动损伤的预防

(一)预防运动损伤的意义

运动者在参加体操运动时,由于准备活动不足、技术能力较差或者周围环境等原因很可能会导致一定的运动损伤,这是很难避免的。但需要注意的是,我们可以通过各种手段和措施预防运动损伤,将运动损伤发生的概率降到最低。如果不事先采取积极的预防措施,就容易导致运动损伤。由此可见,加强体操运动中运动损伤的预防具有非常重要的意义。

在日常训练中,运动者也要时刻加强自身的运动安全教育,要充分认识到预防运动损伤的重要性,保证运动训练的顺利进行,保证机体的健康和安全。

(二)运动损伤预防的原则

1. 提升指导者意识原则

运动者在参加体操运动时,为保证训练的有效性和安全性,可以请一些专业人士做指导,同时还要时刻提升自己预防运动损伤的意识。在平时的运动训练中,要加强预防运动损伤的教育工作。除此之外,还要加强体育防护技能的培养,提高运动防护技能水平。

2. 合理负荷原则

参加体操运动,运动者还要确定适宜的运动负荷,如果运动负荷不当就容易导致运动损伤。合理的运动负荷能极大地降低运动损伤发生的概率,确保运动者训练中的安全。但是,运动者要想更好地提升自身的运动技能水平,还需要适当地增加运动负荷,这样才能有效地提高运动技能水平。

3. 全面加强原则

全面加强主要是指增强运动者身体素质,提升运动水平。运动者需要具备良好的身体素质,良好的身体素质是运动者提高运动技能,杜绝运动损伤的重要基础和保障。因此,在平时的体操运动中一定要重视运动者全面身体素质的提升。

4. 严格医务监督原则

为有效预防运动损伤,还需要加强医务监督。必要的医务监督有助于运动者及时发现身体不适等状况,实现早发现、早处理的目的。除此之外,还要定期或不定期地检查各种体育硬件设施,杜绝安全隐患。

5. 自我保护原则

体操运动是在大自然环境下进行的,存在着一定的风险,因此运动者在参加运动训练时还要注意自我保护,严格遵循自我保护的基本原则,努力提升自我保护、自我防护意识,做好必要的自我保护动作。

三、常见运动损伤的处理

(一)擦伤

轻微擦伤可以采用生理盐水清洗受伤部位,并涂抹红药水或紫药水。大伤口擦伤先用生理盐水刷洗、清理创面异物,碘酒或酒精消毒,涂云南白药,纱布包扎。

(二)挫伤

运动者在参加体操运动时,发生挫伤时,可以采取以下方法处理。
(1)伤后即刻局部冷敷、外敷新伤药。
(2)四肢挫伤:包扎固定,及时送医。
(3)头部、躯干部严重挫伤:观察伤者是否受伤有休克、大出血现象,如有应先进行休克处理,尽快止血,及时送医。
(4)手指挫伤:冷水冲淋、按压止血,包扎。
(5)面部挫伤:冷敷,24小时后热敷。
(6)伤情严重者及时送往医院处理。

(三)拉伤

运动者在参加体操运动时,发生拉伤现象时可以采取以下处理方法。
(1)轻度拉伤:冷敷,局部加压包扎,抬高患肢。
(2)严重拉伤:简单急救后,立即送医。

(四)关节脱位

用绷带和夹板固定伤肢发生脱位的关节,尽快送医治疗。

(五)肩袖损伤

运动者发生肩袖损伤时可以采取以下处理方法。
(1)急性发作期间,暂停健身,肩关节制动,上臂外展30°固定,以减小有关肌肉张力而减轻疼痛症状表现。
(2)进行必要的休息、调整后,可理疗、按摩和针灸。
(3)伴有肌腱断裂并发症时,立即送往医院救治。

(六)腰肌劳损

运动者在发生腰肌劳损时可以采取以下方法进行处理。
(1)可以采用理疗、按摩、针灸等治疗手段。
(2)可以口服针对性药物。
(3)用保护带及加强背肌练习进行运动康复。
(4)顽固病例应进行手术治疗。

(七)髌骨劳损

运动者在参加体操运动时,发生髌骨劳损时可以采取以下处理方法。
(1)根据自身实际情况适当地调整运动量的大小。
(2)注意受伤部位的积极性休息。
(3)可以采取按摩、理疗等手段进行治疗。

(八)韧带损伤

运动者在发生韧带损伤时可以采取以下处理方法。
(1)弹力绷带做 8 字形(内侧交叉)压迫包扎,冷敷。
(2)棉花夹板固定,加压包扎、制动,减少出血、止痛。
(3)韧带完全断裂者应及时送医处理。
(4)伤后 24 小时左右可中药外敷或内服、按摩、理疗。

(九)出血

1. 止血

(1)指压止血。
掌指出血:按压桡动脉及尺动脉。
下肢出血:两手拇指重叠,在腹股沟中点稍下方,将股动脉用力压在耻骨上支上。

第四章 体操学练的安全与保障指导

足部出血:压迫足背及内踝后方胫动脉和胫后动脉。

(2)止血带止血。

用气止血带(或皮管、皮带)缚在出血部近端,上肢每半小时、下肢每1小时放松一次,以免肢体麻痹或坏死。

2. 包扎

用绷带和三角巾(或布条)包扎出血部位或肢体,结合不同伤部选用环形包扎、扇形包扎等不同包扎方法。

3. 大出血

出血不止或出血致休克者,应及时输血或手术治疗。

(十)骨折

运动者在发生骨折时可以采取以下处理方法。

(1)不要随意移动受伤肢体,固定伤肢。

(2)出现休克现象时,先进行人工呼吸。

(3)伤口出血不止,应及时采取止血措施,并送医治疗。

在发生骨折现象后,应尽量保持患者伤部固定不动,采取以下几种包扎固定的方法。

(1)锁骨骨折:包扎固定,可采用横8字形绷带法、双圈固定法、胶布条固定法。

(2)尺桡骨干骨折:复位后,应用夹板固定,亦可用石膏固定。

(3)肋骨骨折,可用胶布固定法,如患者对胶带过敏,可用宽绷带固定。

(4)小腿骨折,骨折位置不同,注意包扎固定方法与位置的差异。

第五章　体操体能素质训练指导

体能训练是体操运动训练的重要内容之一，是体操运动专项技术能力得以发挥的基础。本章对体操运动的体能训练进行研究，从而为运动员正常甚至超常发挥水平奠定基础。

第一节　体能素质训练的意义

体能训练是结合专项需要并通过合理负荷的动作练习，以改善运动员身体形态，提高有机体各器官系统机能的活动能力，充分发展运动素质，促进运动成绩提高的训练过程。

一、现代体能训练的结构分析

体能训练主要包含三个层级的内容，分别是基础体能训练、专项体能训练和综合体能训练。

其中，基础体能训练是整个体能训练结构的基础，其训练内容比较全面，包含力量素质训练、速度素质训练、耐力素质训练、灵敏素质训练、协调素质训练等。基础体能训练是最先开始的训练，为后续的体能训练、技战术训练奠定基础。

专项体能训练是体能训练的核心，特点是将体能训练和运动专项或者一些行业（警察、军人等）的特点结合起来，重点发展运动专项或者职业需要的体能素质，具有较强的针对性和指向性。专项体能训练又包含

第五章　体操体能素质训练指导

两个方面的内容,分别是自身体能训练和抗干扰体能训练。自身体能训练是指只结合运动专项或者职业的需求开展的体能训练;而抗干扰体能训练是指在运动专项或者职业需要的基础上,再结合环境等干扰因素而进行的体能训练,比如针对高原环境进行的体能训练、针对雨雪天气进行的体能训练等。

综合体能训练是在基础体能训练和专项体能训练之后进行的一种体能训练,其特点是将体能训练与实战比赛或者行业工作相互渗透、合为一体,真正使体能训练达到熟练化、强化、内化的目的。综合体能训练是一项对体能素质要求比较高的训练方式,只有做好前两个阶段的体能训练才能达到参加综合体能训练的要求。

二、体能训练的作用

(一)促进身体健康

体能训练具有改善运动员身体健康状况的作用,而良好的身体健康状态是运动员进行运动训练和比赛的必要条件。首先,体能训练能够增强运动员心血管系统以及呼吸系统的功能;其次,体能训练能够改善运动员骨骼、肌肉、韧带、肌腱等各部位的状态,增强其活性,提高其健康水平;最后,体能训练还有助于提高运动员的代谢水平,使运动员的代谢能力增强,从而增强运动员的环境适应能力和免疫能力。

(二)发展竞技能力

竞技能力是指运动员参加竞技比赛所必需的能力,主要包含体能、技能、心理能力三个部分。体能是竞技能力的重要组成部分,主要包含力量素质、耐力素质、速度素质、协调素质、灵敏素质、柔韧素质等。只有促进各项体能素质协调发展,全面提高体能水平,运动员才能最大限度地发挥自己的运动潜能,取得优异的比赛成绩。体能训练的作用之一就是促进运动员体能水平的提高,使运动员具备更加高超的竞技能力。

(三)增强机体的负荷适应能力

随着竞技运动发展的深入,现代竞技比赛的激烈程度和复杂程度不断提升,相应地,对包括体能在内的各项竞技能力的要求也越来越高。这也就意味着,运动员必须通过体能训练不断增强机体的负荷适应能力,提高各项体能素质,才能在竞技比赛中占据优势。

体能训练是一个循序渐进的过程,运动员承担的运动负荷遵循着由小及大的规律不断增加,而运动员的机体在这个过程中会发生一种生物适应现象,即机体功能随着运动负荷的加大而增强,继而更好地适应运动负荷。在合理的范围之内,对运动员机体施加的运动负荷越大,运动员机体产生的反应越激烈,机体功能的增强也就越明显。

科学的体能训练能够在生物适应现象原理的指导之下,逐渐增加运动员的体能训练负荷,促使运动员的机体功能不断发生变化,增强运动员的机体负荷适应能力,为运动员各项体能素质以及运动技能的提升奠定基础。

(四)促进专项竞技水平的提高

体能训练的内在逻辑在于它是一环接一环的,前一阶段的练习是后一阶段的基础,同时体能训练和其他竞技能力的发展也具有紧密的联系。

体能训练的第一个环节是基础体能训练,也被称为一般体能训练,目的是发展一般运动所需要的体能素质。基础体能训练达到一定效果之后,将会开展专项体能训练,目的是结合专项运动的特点和需求发展专项运动所需要的各项体能素质。一般体能训练是专项体能训练的基础,只有通过一般体能训练使运动员具备一般运动的体能素质以及适应一定的训练负荷,才能更好地开展专项体能训练。而体能训练和其他竞技能力发展之间也有着紧密的联系,体能素质为运动员运动技能和心理能力的发展奠定了基础,不进行体能训练而直接进行运动技能和运动心理训练是不符合竞技能力发展规律的。体能训练是运动员专项竞技能力发展的首要条件,只有通过体能训练提高运动员的各项体能素质,才能为后续的运动技能、心理能力发展奠定基础,全面提高运动员的专项竞技水平。

第二节 影响人体体能素质的因素

一、先天因素

先天因素主要指的是遗传因素,它是构成机体潜在特征的要素,在个体的生长发育中起着重要的作用。遗传因素能够从体型、长相、性格、智商、疾病等各个方面影响到人的生长,因而也是影响人的体能发展的重要因素。以智商为例,曾经有科学家对245位被收养者进行了长达7年的研究,并发现一个现象:有些被收养者即使被智商很高的养父母收养,但是其最终的智力水平还是和其亲生父母的智商相近,养父母智商水平对其的影响一般只在3~4岁之前有效,之后就是遗传因素在起主导作用。

但是先天因素并不是影响人的发展的决定性因素,遗传因素在一定程度上会受到环境的影响,遗传变异也是非常常见的事情。以人的体形为例,在良好的物质环境下生长的子女,其身高一般会超过父母。相应地,如果子女处在恶劣的生长环境之下,父母遗传的各种优质因素也可能无法发挥出来,子女朝着退步的方向发展。

因此,尽管先天遗传因素是影响青少年运动人才体能发展的重要因素,但是只要为其创造一个良好的运动训练环境,后天的影响同样能促进其各项体能素质的良好发展。

二、后天因素

(一)环境因素

1. 自然环境因素

自然环境因素是指自然界中的各种介质,比如空气、水、土壤、阳光等,这些和人类的生产生活息息相关,是人类进行生命活动的物质基础。

自然环境能够从多个方面影响人的生长发展,比如生活在热带的人和生活在寒带的人相比,具有发育时间早、发育速度快、寿命较短等特点。再以儿童为例,春季儿童的发育以身高增长为主,而秋季儿童的体重增长比较快。一般来说,环境优美、气候适宜的自然环境能够从身心两方面利于人的生长发展,使人心情愉悦、内分泌协调、精力充沛。但当外界环境受废气、废水、粉尘、噪声和振动等公害污染,或气候的酷暑严寒、空气湿度、温度、气流、气压的突变,环境刺激超过机体的适应能力时,机体与外界环境之间的平衡被破坏,人体健康就会受到影响,将会出现病理状态。

2. 社会环境因素

社会环境因素主要包含两个方面的内容,其一为社会组织结构,即家庭、工作单位、医疗保健设施以及其他社会集团;其二为社会意识结构,即政治思想、道德观念、风俗习惯、文化生活以及政策法令等。这些因素都有可能从不同的方面对人的生长发展产生有益或者有害的影响。

青少年运动员接触的社会环境主要为家庭环境和运动队的环境。就家庭环境来说,家庭环境对人产生的影响是最直接、最深远的,家庭结构、家庭经济条件、父母的文化水平、父母以及父母和子女之间的关系、父母的性格等因素都会对青少年产生一定的影响。一般来说,生长在家庭关系和谐、父母开明民主的家庭环境中的青少年,一般会更加自信、有安全感;而生长在缺少关爱和温暖的家庭环境中的青少年一般性格会比较独立但是相对内向孤僻。

就运动队的环境来说,运动队的经济条件、教练的能力水平、教练的训练风格、队友之间的关系等,都会影响到青少年运动员的发展。以教练的能力水平为例,能力较高的教练员能够以身作则,让运动员感受到运动的魅力,最重要的是能够以科学的训练方法和训练手段对运动员进行专业的指导,提高运动员的竞技能力水平。

(二)心理因素

心理因素也是影响人的生长发展的重要因素,人的心理可以通过其外在形态以及外在行为表现出来。积极的心理状态会让人精神焕发,行动力增强,对于体能训练具有积极的推动作用;而消极的心理状态会让人精神萎靡,行动力减弱,严重的状况下还有可能发展成各种疾病或者导致产生自残、自杀等行为,不利于体能训练的开展。

关于心理健康的评价标准,主要包含以下几个方面的内容。

(1)正确的思维方式。思维方式能够影响到人的心理状态,采用哪种思维方式一般就能形成相应的心理,因此思维方式是心理健康评价的第一指标。

(2)较强的现实适应能力。适应能力包含生理适应能力和心理适应能力两种,生理适应可以在一定理论的指导下达成,但是心理适应目前尚未有较好的解决办法。

(3)健康的人际关系。人际关系也是评价人的心理状态的重要标准之一,拥有健康心理状态的人应该能和别人和睦相处。

(4)正确的自我定位。处于健康的心理状态的人应该能够充分了解自己,知道自己的缺点和长处,正确评价自己,找准自己的定位。

(5)稳定的情绪和心理。情绪起伏变化比较小,很少处于极端的心理状态。

(6)能够适应团体生活。无论是在家庭、班级、训练队还是其他的团体之中,都能很好适应团体的生活。

(7)稳定的社会环境。稳定的社会环境也是形成健康的心理状态的重要因素之一,减少外界的刺激能够使人处于比较稳定、良好的心理状态。

(三)营养因素

营养是人体生长发育的基础,是增强体质、提高健康水平的必要条件。人体所必需的营养包括糖类、脂肪、蛋白质、维生素、矿物质和微量元素几大类,必须要保证合理摄入每种营养元素才能促进人的健康发展。其中,由于人们对维生素和微量元素的了解比较少,因此要尤其注意这两种营养物质的摄入。

维生素是维持人体生命和正常功能必不可少的营养素,一旦供给量不足,人体正常的代谢和生理功能就会受到影响,严重的情况下还会患上维生素缺乏症。比如维生素D能够促进人体钙的吸收,对人的骨骼生长具有重要作用,一旦摄入量不足就容易导致佝偻病、软骨病等病症;而维生素 A 对维持人的正常视力具有重要作用,一旦缺乏就容易导致干眼病、夜盲症等病症。微量元素也和人的发展有着紧密的联系,比如铁元素就是构成人体红细胞以及一些代谢酶的重要成分,体内铁元素的缺乏可能会导致人患上缺铁性贫血等病症。

此外,影响青少年运动人才体能发展的因素还包括生活方式因素、体育锻炼因素、卫生保健设施因素等,这些因素也同样会对运动员的各项体能素质发展产生重要影响。体能水平的提高是各方面综合努力的结果,应该以上述影响因素为切入点,做好各方面的保障工作,以求实现理想的体能训练效果。

第三节 基础体能训练

一、平衡与稳定训练方法

(一)肌肉平衡训练

肌肉平衡训练包括三个维度,分别是上肢与下肢肌肉平衡训练、身体左侧与右侧的肌肉平衡训练以及身体前侧与后侧的肌肉平衡训练。肌肉平衡训练计划包括这三个维度才是完整的全面的训练计划。为提高运动员平衡能力、协调能力以及整体运动能力,在肌肉平衡训练中既要进行单关节训练,又要注重多关节训练,兼顾二者还有助于预防运动损伤和提高运动成绩。

下面具体分析单关节肌肉平衡训练方法和多关节肌肉平衡训练方法。

第五章　体操体能素质训练指导

1. 单关节肌肉平衡训练

围绕一个关节周围的肌群集中进行训练就是单关节训练。进行单关节训练主要是为了促进运动员各部位肌肉和不同肌群发展的平衡,同时也是为了提高运动员的身体适应能力,使其做好准备接受更大的负荷刺激。在训练中要尽可能全面训练各个肌肉或肌群,尤其是对运动成绩有重要影响的优势肌群,通过训练使优势肌群的功能得到最大程度的发挥。

单关节训练的具体方法如下。

(1)伸腿

训练目的:促进股四头肌的发展。

训练方法:

①在腿部伸展机上坐好,根据需要对靠背位置进行调整,调整后要使膝关节中心与器材的旋转轴在同一水平高度。膝关节弯曲使大腿与小腿保持垂直,器材的阻力垫刚好在踝关节上方。

②对抗器械阻力要尽可能将腿伸直,切记不要过度伸展膝关节,以免受伤。

③两腿慢慢放下,还原到准备姿势。

反复练习。

(2)后屈髋

训练目的:促进腘绳肌的发展。

训练方法:

①在卧式后屈髋训练器上成俯卧姿势,将阻力垫调整到小腿腓肠肌1/3处的位置。准备环节避免过度拉伸膝关节。

②屈髋抬脚,使小腿向臀部慢慢靠近。

③两腿缓慢还原成准备姿势。

反复练习。

变换练习:尝试将一定重量的物体固定在一侧腿上,按上述方式进行举重物练习,重复练习几次后将重物换到另一条腿上继续练习。

(3)系橡皮筋进行大腿内收与外展练习

训练目的:促进髋部外展肌群和内收肌群的发展,以促进膝关节平衡稳定性的提升。

训练方法：

①在某一支撑物上系上橡皮筋，橡皮筋的另一端绑在脚踝上。身体与支撑物相距一臂的距离。

②训练外展肌群时，支撑腿维持身体平衡，练习腿外展与身体中线保持一定距离，至少保持 2 秒，然后还原。

③训练内收肌群时，支撑腿维持身体平衡，练习腿稍经过身体中线并制动，注意不要转镜，至少保持 2 秒，然后还原。

外展肌群与内收肌群交替训练。

2. 多关节肌肉平衡训练

一些运动项目中包含了大量的综合性动作，因此要根据专项特征进行多关节训练，以提高训练效果。事实上，纯粹的单关节动作在体育运动中是很少见的，基本上都是多关节动作，所以要加强多关节训练。多关节训练的特点是比较缓慢，要求练习者有一定的控制力，具备可控条件，这样增加了训练的安全性，可以有效预防运动员在练习中受伤。

多关节训练的方法如下。

(1)伸腿

训练目的：促进臀部肌群、小腿肌群、股四头肌的平衡发展。

训练方法：

①平躺在腿部伸蹬器上，对座位进行调整，使大小腿保持垂直。双脚保持一定距离。

②双脚用力蹬踩踏板，直到两腿完全伸直。两腿膝关节保持一定距离。

③缓慢还原。反复练习。

变换练习：

①可以进行单腿练习，两腿交替蹬踏板。

②将一定重量的实心球放在两腿膝关节之间，两腿蹬伸时挤压实心球。

(2)弓箭步

训练目的：促进躯干肌群和下肢肌群的发展。

训练方法：

①自然站立，两脚分开，手持杠铃置于颈后肩上。

②右腿向前跨出(步子较大)，屈膝成 90 度，上身始终保持挺直状态，目视正前方。

③右腿收回,左腿向前跨出继续练习。

两腿交替反复练习。

变换练习:

①侧弓步练习。左脚向左侧跨一步或右脚向右侧跨一步,屈膝深蹲,然后右脚向右侧跨一步,屈膝深蹲。两侧交替进行。若不能做标准的深蹲姿势,可以缩小大小腿的夹角,以免刺激膝盖造成损伤。

②十字交叉弓箭步练习。左腿经过右脚向右前方跨步(45度对角线方向),身体挺直,还原,右腿经过左脚向左前方跨步,两腿交替练习。

③持器械弓步练习。手持实心球或哑铃,置于颈后,然后按上述方式进行弓箭步练习。

(3)深蹲

训练目的:促进背部伸肌、股四头肌、臀肌和小腿肌群的平衡发展。

训练方法:

①两脚分开,脚尖稍外展,手持杠铃置于颈后并固定在肩上。

②两腿慢慢有控制地屈膝,直至大小腿垂直,脚后跟支撑身体重心,上体挺直,目视前方。如果不能做完全的深蹲动作,可放宽对膝关节弯曲幅度的限制或要求,以不损害膝关节为宜。

③还原,上身始终挺直。

反复练习。

变换练习:持器械练习,将实心球或哑铃固定在颈后,然后按上述方法练习。

(4)负重交换跳

训练目的:促进股四头肌、臀肌和小腿肌群的增强及平衡发展。

训练方法:

①双手持杠铃置于颈后肩上固定,身体保持挺直。

②两腿交替上抬进行练习,高度保持在40厘米左右。

变换练习:移动中负重交换跳,向前跳、向左右两侧跳均可。

(5)快速挺举

训练目的:促进肱二头肌、股四头肌、三角肌、臀肌和小腿肌群的平衡发展。

训练方法:

①两脚分开,微屈膝、屈髋。

②双手正握杠铃,杠铃与肩部高度齐平。

③屈膝,重心下移,向上举杠铃,直至手臂完全伸展。
④慢慢还原。重复练习。
变换练习:将杠铃换成橡皮拉力器或弹力绳,练习方法同上。

(二)动态平衡训练

在体育运动中,运动员若要变向,先要分开两脚,脚间距稍比肩宽,降低重心,重心位于两脚间,保持稳定支撑。只有将身体重心控制好,维持最佳的平衡点,才能为变向提供便利,顺利变换方向。一般情况下,女运动员的身体重心比男运动员低一些。变向前调整重心可以保持更好的身体稳定性。控制好重心基本是每项体育项目对运动员的共同要求,运动员要具有良好的动态平衡能力。在滑冰、滑雪、自行车、跳水、举重、体操、摔跤等体育项目中,运动员控制重心和维持身体平衡的能力直接决定着运动成绩。一旦没有控制好重心,身体失去平衡,无法继续维持良好的稳定性,多数情况下会面临被动局面。而在球类运动中,运动员与球一起移动,要保持自身与球的协调平衡,总之,动态平衡对运动员来说非常重要,在平衡能力训练中不可忽视动态平衡训练。

下面分析几种简单实用的动态平衡训练方法。

1. 单足站立

训练目的:培养对身体重心的控制能力。
训练方法:
(1)自然站立,一腿屈膝抬起,使脚尖朝下,支撑腿同侧手抓握上抬腿的踝关节。
(2)保持单腿站立姿势30秒。
(3)两腿交替上抬进行练习。

2. 直线单脚跳

训练目的:增加腿部肌肉力量和身体的平衡性。
训练方法:
(1)在地上画若干条线,色彩鲜亮以便识别,相邻两线之间相距适宜距离。

(2)站在一端单脚依次跳到另一端,避免踩线。

(3)两腿交替练习。

变换练习:增加难度进行练习,如增加膝关节的弯曲角度;增加间隔距离;单脚跳跃每次落地后静止片刻,上身不能晃动。

3. 圆锥跨跳

训练目的:使下肢更有力量,提高维持身体平衡的能力。

训练方法:

(1)将三个圆锥形状的物体并列排成一排,相邻物体之间间隔一定距离。

(2)依次跳过三个圆锥体,速度要快,不能有太长时间的停顿。

(3)增加相邻圆锥体的间距,进行难度练习。

变换练习:身体侧对圆锥体,单腿依次跳过,再换另一腿返回,两腿交替进行。

该练习可促进腿部力量的增强,也能有效锻炼身体的平衡性。

4. 六边形

训练目的:提高反应能力、反应速度、身体稳定性与灵敏性。

训练方法:

(1)在地板上画一个边长60厘米、夹角120度的六边形。

(2)站在六边形中心点,面向任意一条边的方向,听口令依次跑完六条边,然后返回中心点。

(3)换方向继续跑,跑完六条边后跳回中心点。

反复练习。

(三)核心稳定性训练

体育运动中,一些球类(足球、篮球、网球、棒球、垒球、高尔夫球)或投掷类项目(铁饼、铅球、标枪)对运动员传递力量的能力提出了较高的要求,主要就是向上肢传递来自地面的力量,传递的效果越好,上肢或手持器械获得的加速度越大,越有利于完成后面的动作。运动员上下肢的力量水平及协调性能够从其传递力量中体现出来。为了提高运动员传递力量的能力,增加传递力量的效果,要加强上下肢、躯干各个部位力量的训练,这样才能使来自地面的力量经过下肢传到躯干,再经过躯干传到上肢或手持器械上。可见,要达到器械加速度的最大化,就要将全身力量都综合起来、动用起来,这就是体能训练中应该遵循的运动链原则。

有些运动项目需要运动员连续重复完成特定动作,这些项目对躯干和上腹部的力量有很高的要求,只有这些部位有力量,才能使身体在良好的伸展状态下完成特定动作。有些运动项目对身体两侧的平衡有很高的要求,身体的平衡直接决定运动成绩,如滑冰、滑雪、游泳、赛艇、自行车等。如果不能按照专项要求训练身体素质,盲目集中训练某一肌群,造成训练过度,就可能造成运动损伤。在体能训练中,要遵循周期性原则,对间歇期合理安排并根据实际情况灵活调整,从而使肌肉力量、平衡及身体稳定性的训练效果不断提升。

躯干力量强壮是很多运动项目对运动员体能提出的共同要求,只有具备这个条件,才能以正确的身体姿势完成特定专项动作。完成很多动作时,所需的力量都来源于腹直肌,而且上下肢的协调能力也受躯干力量的影响,可见有强壮的躯干非常重要。为增加躯干力量,要特别重视上身训练的全面性,合理安排背肌训练、腹肌训练和腹外斜肌训练,以提升身体的屈伸和旋转功能,将相关肌群的力量充分运用起来而维持合理、稳定的身体姿势。身体不同部位的肌肉在工作时并不是处于绝对的孤立状态,肌肉工作时是相互联系的,只有发展好各部位的肌肉力量,才能从下到上有效传递力量,最终使身体的稳定性达到最佳状态。

下面分析核心稳定性的常见训练方法。

1. 提臀

训练目的:增强腹直肌的力量。

训练方法:

(1)仰卧在垫子上,屈膝,使小腿垂直地面,手臂放在身体两侧,保持稳定的身体姿势。

(2)向上提臀部,同时屈腹。

(3)臀部有控制地还原。

反复练习。

第五章 体操体能素质训练指导

2."反向起坐"

训练目的:增加腹直肌的力量。

训练方法:

(1)在垫子上平躺,膝关节微屈,双手置于体侧。

(2)颈部微屈,拉紧腹部肌肉,保持良好的屈腹姿势。

(3)缓慢抬腿,使膝关节向胸部靠近,然后两腿还原,膝关节弯曲角度始终不变。

反复练习。

3. 抬腿

训练目的:增加腹直肌力量,使脊椎更加稳定。

训练方法:

(1)在垫子上仰卧,两手压在身下支撑背部,两腿伸直,脚尖朝上。

(2)两腿同时向上抬,使两腿与地面的夹角大约为30度,保持片刻。

(3)两腿有控制地下落,但不能完全着地,要与地面保持一点距离,以促进肌肉的积极性休息。

反复练习。

4. 抬腿仰卧起坐

训练目的:发展腹直肌和屈髋肌。

训练方法:

(1)仰卧,抬膝成90度,双手抱头,肘关节向外。

(2)向上屈体使胸部靠近大腿,然后还原。

反复练习。

5. 坐姿划船

训练目的:增加肱二头肌、斜方肌的力量。

训练方法:

(1)坐姿,微屈膝,双手握坐姿划船器的手柄。

(2)上体保持直立,两臂贴近体侧,身体不要后倾,用力将柄拉向胸与上腹部区域。

(3)缓慢还原。

重复练习。

6. 俄罗斯式扭转

训练目的:改善躯干的扭转能力。

训练方法：

(1)坐姿,屈膝,身体后倾成45度。

(2)两臂伸直与大腿平行,双手可持器械来增加阻力。

(3)转肩,直至手臂与身体呈90度。

(4)反方向大幅度旋转,转过去转回来为一次。

反复练习。

7. 交叉仰卧起坐

训练目的:增加躯干腹内斜肌、腹外斜肌的力量。

训练方法：

(1)仰卧,单腿屈膝切脚着地,另一腿屈膝并将其脚后跟放在异侧膝上。

(2)双手抱头,肘关节外展。

(3)上体弯曲,用抬起膝异侧的腿以对角的形式去碰膝,不要用手把头拉向前。

(4)交替方向,重复练习。

8. 瑞士球外推

(1)跪在瑞士球前,双手放在球上,高度大致与髋部齐平。

(2)缓慢将球向外滚,同时伸展身体,直到身体完全伸展开,保持背部平直,膝盖作为支点保持不动。

(3)用腹肌和背肌的力量将球滚到开始位置。

每组15次,完成3组。

9. 瑞士球腰部横向扭转

(1)仰卧,双臂在体侧伸展。双腿置于瑞士球上,臀部贴近瑞士球。

(2)以腹肌为支撑,双腿向身体一侧放下,在保持双肩不离地的同

第五章 体操体能素质训练指导

时,双腿尽量靠近地面。

(3)还原,向另一侧转动。

两侧交替练习,每个方向各转动20次。

10. 俯卧撑手部运动

(1)做基本的俯卧撑动作,双手放在一个稳定的实心砖块上,双手大拇指互相接触。

(2)左手从砖块上移下以支撑身体,在舒适范围内尽可能远离砖块。身体降低。

(3)向上推起的同时,左臂移回砖块上,然后右手向右伸出,在地面支撑身体。继续向两个方向来回移动,直到完成30次推起动作。

11. 椅子骤降

(1)背对椅子站立,屈膝,双手向后移并按住椅子前面的边缘,双脚向前移,直到双膝的位置处于脚后跟正上方。

(2)屈肘,身体缓慢下降,直到上臂和前臂垂直。

(3)将身体推起,直到双臂完全伸展。

每组重复10次,完成3组。

12. 毛巾飞鸟

(1)做标准的俯卧撑姿势,正对胸部下方的地面上铺一条毛巾。双手放在毛巾上,双手分开。

(2)干不动,双手向内侧滑,收拢,然后向外侧滑,还原。

每组重复15次,完成2组。

13. 反向桥扭转

(1)坐在瑞士球上,双手抱实心球。

(2)双脚缓慢移动,同时使身体贴着瑞士球滚动,直到瑞士球支撑住下背部。两臂完全伸展,使实心球位于胸部上方。

(3)以左肩为支点,上半身向左侧旋转。

(4)缓慢回到中间位置,然后继续向右侧重复练习。

每边重复15次,完成3组。

14. 蚌壳系列动作

(1)斜躺,右侧髋部接触地面,前臂支撑身体。将左手置于左侧髋部。双腿微弯曲,将一条腿叠放在另一条腿上方。
(2)脊柱挺直,右腿放在地上,双脚靠拢,左膝抬起10次。
(3)膝盖和双脚靠拢,将双脚抬离地面,同时,双膝开合10次。
(4)保持双膝打开的状态,然后左腿抬起,伸直,大腿不动,然后再次弯曲左腿。
重复10次,换另一侧继续练习。

15. 自行车腹部提拉

(1)仰卧,屈膝,双手放在头后,双腿抬起。
(2)在身前用左侧肘触碰右膝。想象肩胛骨拉离地面,从肋间及腹斜肌处扭转。
(3)换另一侧重复练习。
左右两边各6次。

16. 下台阶

(1)站在一个砖块上,左脚接近砖块左侧边缘,右脚在砖块旁边悬空。双臂在体前伸直。
(2)左膝弯曲,降低身体重心,使右腿悬空下降至砖块上沿之下。
(3)左侧脚后跟用力向下推,回到开始姿势。
两腿交替练习,每条腿完成15次练习为1组,共2组。

17. 爬行成平板支撑

(1)站姿,上体前俯,双手在地面支撑,双腿伸直。
(2)双手向前爬行,直到身体成一个平板支撑姿势。
(3)双臂伸直,降低双肩,保持10秒。
(4)双手向双脚方向爬,还原竖直站立姿势。
重复6次。

第五章 体操体能素质训练指导

18. 瑞士球仰卧成桥

(1)竖直坐在瑞士球上,双手置于膝盖。
(2)手臂向前伸展,身体缓慢向后倒,同时脚向前移,使球沿着脊柱向上滚,双臂举过头顶。
(3)上身后仰,双臂微屈,直到双手碰面,后脑顶住球。保持5秒,结束时呼气。
(4)放松,抬头,双脚缓慢后移,还原开始姿势。

19. 单腿臀部推起成桥

(1)仰卧,两腿屈膝,双臂在身体两侧伸直。
(2)左脚抬起,膝盖弯曲成90度,大腿和躯干垂直。
(3)右脚脚后跟向地面推,同时骨盆抬起,直到躯干和大腿平行。保持30秒。重复练习。
两腿交替练习。

20. 高弓步

(1)站立,右脚向前跨出,俯身,双手触地,分别置于右脚两侧。
(2)左腿后撤一大步,左腿和身体成一条直线,左脚脚掌接触地面。右脚脚后跟用力推出,大腿肌肉缩紧,保持30秒。
(3)左腿撤回和右腿成一条直线,然后右腿向后跨出,重复练习。

21. 侧向滚动正确做法

(1)仰卧在瑞士球上,上背部紧靠球。双脚平放在地上且分开,髋部抬起,双臂在体侧伸展。
(2)双脚小步移动,将球向侧面滚动。然后向相反方向滚回。
向每个方向移动10步为1组,完成3组。

22. 小步

(1)仰卧,双膝弯曲,脚尖点地。
(2)双手放在膝骨上,左膝抬起靠近胸部方向,同时收紧腹部肌肉。

(3)左腿放下,腹部肌肉继续绷紧,保持 10 秒。
(4)右腿重复以上动作。

二、力量素质训练方法

(一)力量素质的概念与分类

力量素质是人体—肌肉系统工作时克服或对抗阻力的能力。[1] 严格来说,力量素质是人体运动的基础,是最基本的身体素质,它是掌握运动技能、技巧以及提高运动成绩的最重要的基础。个体参与体育运动锻炼的过程就是借助机体的肌肉力量完成各种动作的过程。

力量素质可以分为三种,即最大力量、速度力量与力量耐力。具体如下。

(1)最大力量。最大力量是指肌肉在随意一次性最大程度收缩中,神经肌肉系统所能够产生的最大的力。比赛中运动者的最大力量往往表现为可能克服和排除的外阻力的大小。由于运动者的最大力量并不是一成不变的,而是常常处于动态变化之中,这就要求运动者不断发掘自身能力的极限,充分发挥自己的最大力量,以保证力量训练的效果。

(2)速度力量。速度力量是指神经肌肉系统以尽快的速度发挥最大力量的能力,也可以说是在最短的时间内最大用力的能力。速度力量主要有爆发力、弹跳力和起动力三种特殊的表现形式。

(3)力量耐力。力量耐力是指运动员机体耐受疲劳的能力,其以持续表现力的较高能力为特征。

(二)力量素质训练要求

(1)运动员在进行力量素质训练前,一定要保持一个良好的身体状态,这是非常重要的。如果身体条件不允许进行较大负荷的训练,训练时不能把握好训练量,不仅不能达到训练的效果,而且还会给机体造成

---

[1] 张英波. 现代体能训练方法[M]. 北京:北京体育大学出版社,2006.

不良的影响。

（2）在进行力量素质训练前，要做好充分的准备活动，可以做一些柔韧、伸展练习，以将身体充分活动开，这能有效降低运动损伤发生的概率。

（3）在进行力量素质训练时，要根据自己的实际情况来合理安排运动训练的负荷，切不能急于求成，盲目训练。

（4）在训练的过程中，运动员要注意肌肉张力的变化。力量的增加会使得肌肉张力增加，这是训练计划实施后积极效果的表现。注意到力量的增加能提高运动者训练的积极性。

（5）在初次训练时，一般采用能连续重复 10 次的重量，最后一次恰好能够完成。当然，这样精确控制是不容易达到的，因此前几次训练课中应该通过不断尝试来调整确定适宜重量。

（6）避开旧伤。在力量素质训练中，要注意避开旧伤，尤其是没有恢复的伤病进行训练。如果练习过程中感到疼痛，应减少负荷或停止训练。

（三）一般力量素质训练

（1）颈后推举：身体直立，挺胸收腰，握距同肩宽，将杠铃高翻至颈后，然后将杠铃从颈后推起至两臂完全伸直，反复练习。

（2）胸前推举：两手持铃将杠铃（哑铃或壶铃）翻起至胸部，然后立刻上推至头顶，再屈臂将杠铃放下至胸部，再上推过头顶，反复练习。

（3）仰卧撑：训练时，处于仰卧位，两臂伸直撑在约 50 厘米的高台（或肋木）上，屈臂，背部贴近高台（或肋木），然后快速推起至两臂伸直，反复做 10～15 次。

（4）腕屈伸：身体直立（或坐着），前臂固定在膝上或凳子上，两手反握或正握杠铃（或哑铃、杠铃片）做腕屈伸（或交替腕屈伸），腕屈伸至最高点，稍停顿，再还原。反复练习。

（5）直臂扩胸：身体直立，两手各持一个哑铃或杠铃片，先直臂向胸前与肩关节成水平位置举起，然后直臂向两侧充分扩胸，还原，反复练习。

（6）持铃耸肩：身体直立，正握杠铃，以肩部斜方肌的收缩力，使两肩胛向上耸起（肩峰几乎触及耳朵），直至不能再高时为止。还原，反复练习。

(7)坐姿摆臂前移身体:举在地板或垫子上,双腿并拢。双手持重物或徒手快速摆臂,带动身体前移。

(8)直膝大步走:左腿直膝向前迈步,以足踵滚动着地至前脚掌。当身体重心前移超过支撑点的垂直部位时开始后蹬。在后蹬即将结束瞬间,右腿直膝向前迈步,两腿交替前进。

(9)踝屈伸跳:双腿直膝跳起后足尖翘起,反复练习。

(10)立足跳远:面对沙坑或垫子,双脚以肩宽左右开立,双臂上举并充分伸展身体。下蹲后双腿迅速蹬伸,向前上方跳起,前引双脚落地。

(11)直膝跳深:采用8~10个20~30厘米低跳箱,间距约50厘米依次横向排列。练习者直膝从跳箱上跳下,再直膝迅速跳上下一个跳箱。训练时要求只用踝关节快速完成动作,从而达到缩短与地面接触时间的目的,增强训练效果。

(12)跳深:采用8~10个高60~80厘米的跳箱,间距约1米依次横向排列。练习者从跳箱上跳下,再迅速跳上下一个跳箱。训练时要求用下肢各个关节快速完成动作,以达到缩短与地面接触时间的目的。

(13)原地转髋跳:原地跳起,在空中快速左右转动髋部。

(14)原地快速高抬腿:上体保持正直,肘关节弯曲约90度。前摆手摆到约肩部高度,后摆手摆到臀部之后。大腿摆到与地面平行的姿势。

(15)悬垂摆腿:双手抓住肋木身体悬垂,摆动腿向身体对侧的上方迅速摆动。反复进行训练。训练时可以在摆动腿的脚或小腿上负重进行训练。

(16)挺身展髋:原地挺身展髋、双脚连续起跳挺身展髋。训练过程中,要求身体动作要准确、到位。并注意动作的保持时间,以3秒钟为宜。

(17)元宝收腹(静力):两手置脑后,平躺地上或垫子上,上体卷起时,两膝收至髋部上方。上体卷起和收膝同时进行,直到两肘碰到两膝为止,稍停2秒钟(或保持静止30~50秒),反复练习。

(18)负重弓身:两臂持杠铃于颈后,两腿开立,约与肩宽,身体直立,腰和腿收紧,上体慢慢前屈,臀部后移,使上体成水平状态,然后向上挺直身体。可做直腿或屈髋弓身,也可坐在凳上做弓身。

(19)负重体回环:两腿伸直分开站立,两手握杠铃片或重物,两臂伸直以腰为轴做体回环动作。练习时速度要慢,反复练习。

(四)专项力量素质训练

1. 手腕关节力量训练

进行控倒立、倒立爬行、连续俯卧推跳及负重手腕屈伸练习等。

2. 上肢力量训练

(1)做计时的单臂俯卧撑、负重俯卧撑、自由倒地成俯撑的练习。
(2)做各种跳起成俯撑的动作练习。

3. 下肢力量训练

(1)原地连续纵跳、连续团身跳,10~20米的单脚或双脚连续跳、原地屈体分腿跳等。
(2)原地连续屈体分腿跳,负重屈体分腿跳,扶肋木前、侧、后方向快速踢腿,连续科萨克跳或连续吸腿跳等。

4. 躯干力量训练

(1)专门性控腹练习、分腿支撑、直角支撑等。
(2)分腿支撑和直角支撑转体等。

三、速度素质训练方法

速度素质是人体进行快速运动的能力。速度素质的表现形式有以下几种。

(一)移动速度训练方法

1. 跨越栏架

(1)在跑道上将起跑线、终点线、跑进路线明确标出来。在跑道两侧摆两排小栏架,每排4个。

(2)练习者准备就绪,听口令快速起动沿跑道前进。

(3)在练习者即将到达第一排栏架时,教练员发出变向指令或用手势示意练习者变向,练习者按指令要求右转或左转。

(4)练习者越过第一排右侧的两个栏架或左侧的两个栏架后再越过栏架返回到跑道上向另一侧的两个栏架跑动,越过另一侧的两个栏架再返回到跑道上向第二排栏架跑进。

(5)练习者按同样的方法越过第二排的四个栏架。教练员再发出变向口令或用手势示意变向。

(6)练习者听指令越栏架,最后向终点线快速跑进。

2. Z 型跑

(1)将7个锥体按"Z"字形排开,响铃锥体间的水平距离和垂直距离适宜。

(2)练习者在起点处面向锥体做好准备,听到"开始"口令后向第一个锥体快速跑进,然后急停,再向第二个锥体快速跑,再急停……依次跑过所有锥体。

(3)练习者按同样的方法返回。

3. 环绕、穿越和跨越

(1)将6个锥体一字排开。

(2)练习者从场地一角开始,围绕六个锥体跑动,身体应正对每一个锥体并尽可能快地通过每个锥体。

(3)练习者听到哨声后迅速侧滑步到每行锥体的末端,向后跑到锥体线后面,侧步返回至第一个锥体,向前跑到开始处,然后反方向重复一系列的侧滑步和向前、向后跑。

(4)第二圈,练习者向后跑回到第一锥体,转身并跑向第一、二个锥体之间,再转身跑向第二、三个锥体之间,直至到达终点线。接着,运动员原路返回起点。

(5)第三圈,练习者侧滑步跨越每个锥体,在最后一个锥体外侧制动,再侧滑步返回起点。

4. 侧向倾斜板走

(1)练习者站在木板中间做好准备。

(2)左脚向木板左侧移动,踏在木板左侧斜坡面制动,向反方向快速伸,然后还原移动到木板中间,右脚和左脚一前一后分别快速从木板上跳下。

(3)两脚再次踏上木板,右脚向木板右侧移动,踏在木板右侧斜坡面制动,向反方向迅速伸。然后还原移到木板中间,左脚和右脚一前一后分别快速从木板上跳下。

(4)两脚再次踏上木板,左脚向木板左侧移动,踏在木板左侧斜坡面制动,然后向反方向迅速伸。

反复练习。

5. 跟随游戏

(1)两两一组进行练习,两名练习者的两个脚踝都系上一个橡皮筋,再用橡皮筋将脚踝连接起来。练习者间隔一定距离面对面站立。

(2)规定一人为进攻者,另一人为防守者,进攻者只能左右侧跨步移动,但可以变化进攻方向,防守者主要通过移动的方式躲闪进攻,可以侧跨步移动,也可以采用制动—起动的方式。

跟随游戏练习时间稍短,两次练习之间间隔稍长的休息时间,以保证练习者体力恢复后再继续练习。这项练习中,练习者用脚尖支撑身体重心,放低髋关节,身体姿势要合理。

6. 放开冲刺

(1)将绑带或绳索等阻力装置绑在练习者腰间。

(2)教练员吹哨表示开始,练习者立即冲出,迅速跨步,同伴控制好阻力装置,使练习者在阻力条件下完成练习。

(3)练习者跑几步后,同伴松手放开绳索或绑带,此时练习者在没有阻力的条件下用力向前冲,下肢加快跑动速度。

在阻力条件下,练习者就要拼尽全力跨步前冲,要有爆发力,没有阻力限制后,也利用放开阻力瞬间的加速度向前冲,将速度加到最大,练习者要能够利用神经系统的功能去控制速度。

(二)反应速度训练方法

1. 双人抛球+俯卧撑

(1)在垫子上做好跪姿准备,手持实心球,给同伴传球,然后双臂自然支撑做一个标准的俯卧撑动作。

(2)从俯卧撑还原到跪姿,接同伴回传的球,再传球,做俯卧撑,反复练习。

注意练习时速度要尽可能快。

2. 对墙高抛

(1)面向墙壁,自然站立,两脚分开,双手拿一个实心球。

(2)迅速屈膝,重心放低,然后一边起身一边将实心球高高抛向墙壁,抛球后全身伸展。

(3)反复练习,计算规定时间内的抛球次数。

需要注意的是,练习过程中背部肌肉始终保持适度紧张状态,屈膝后要做标准的深蹲姿势。

3. 单臂支撑+俯卧撑

(1)做标准的俯卧撑预备姿势,手臂弯曲,身体笔直。

(2)手臂伸展,身体上抬,一手放在实心球上,再继续做俯卧撑,主要用支撑手臂的力量来完成动作。

(3)支撑手臂将身体撑起后离开地面,手的高度和实心球上端齐平。然后有控制地放下,再继续发力支撑身体并离开地面,这个过程中支撑手臂要用爆发力快速将身体撑起并离开地面。

需要注意的是,支撑手接触地面的时间要尽可能短,触地后立即爆发式推离地面。

4. 爆发式斜拉

(1)在一条安全杆上挂一根直径5厘米左右且表面比较粗糙的绳子,为了安全起见,也可以从安全钩中穿过绳子。

(2)练习者伸展手臂,双手用力将绳子拉住,身体向后倾斜,与地面保持45度夹角,身体充分伸展,背肌收紧。

(3)练习者快速用力拉动绳子,将自己的身体拉起来。

反复练习。

5.剪式跳跃

练习方法:

(1)两脚前后错开,稍屈膝、屈髋。

(2)用力离地向上纵跳,空中交换两脚前后位置,落地后也保持两脚一前一后的姿势。上身始终保持挺直状态。

反复练习。

变换练习:

(1)分腿纵跳,拉大两腿前后错开的距离,落地后屈膝,重心调低一些,以增加练习强度。

(2)移动跳跃练习。

6.团身跳跃

练习方法:

(1)两脚开立,目视前方。

(2)向后摆臂,同时屈膝、屈髋,重心降低,下肢蓄力准备释放。

(3)向前摆臂,当手臂与身体两侧贴近时,髋、膝、踝关节依次伸展,两脚用力离地纵跳,膝盖尽可能向胸部靠近。

(4)落地后,两脚依然是分开姿势。

反复练习。可以规定练习时间,要求练习者在规定时间内尽量完成多次跳跃。

变换练习:

(1)按照上述方法跳跃,但落地位置与跳起位置不同,两个方向呈直角。

(2)跳跃后空中加转体动作。

(3)单腿练习,两腿交替。

(4)两腿伸直,上体前屈进行屈体跳练习。

(5)向前后方向或左右方向移动跳跃。

7. 横滑冰

(1)两脚并立,目视前方。
(2)左脚或右脚横向着地抬起,落地后反方向用力着地。
(3)两脚交替练习。

反复练习。教练员可以规定练习时间,让练习者尽可能完成较多次数的练习。

8. 障碍跳跃

练习方法:

(1)将标志桶、跨栏或箱子作为障碍物,练习者面向障碍物,身体直立,做好准备。

(2)屈膝、屈髋,身体重心下移,两脚同时跨地向前跳起越过障碍物,两臂配合前后摆动。注意跳起时膝盖尽可能靠近胸部,以获得更大的向前跳跃的力量。

(3)两脚落地后屈膝缓冲,两臂在体侧维持身体平衡,然后充分伸展身体,还原准备姿势。

设置多个障碍物连续越过障碍,也可以规定练习者在跳跃后变换落地方向或落地后冲刺跑,以增加练习强度。

变换练习:

(1)单腿障碍跳

练习者用一侧腿完成障碍跳跃练习,具体练习方法同上,但初步练习时要选择高度较低的障碍物,随着练习水平的提升,慢慢调整为较高的障碍物,也可以直接使用可调整高度的障碍物,练习者根据自身情况调整高度。

(2)横向障碍跳

这是练习者横向从障碍物上跳过的一种练习方式。练习者的站位要侧对障碍物,然后下肢蓄力,纵身跳起,身体横向越过障碍物。两腿同时落地后注意屈膝缓冲,手臂摆动以维持平衡。也可以连续横向越过障碍物,不断加快速度,在规定时间内完成多次跳跃。

9. 横向跳跃

(1)准备一个箱子或凳子,高度不超过膝关节,站位与凳子在一条直线上,临近凳子的一侧脚踩在凳子上,上体稍向前倾,远侧腿屈膝,身体重心降低。

(2)置于凳子上的脚快速有力地伸,身体向上跃起,落地时之前置于凳子上的脚落地,另一侧脚踩在凳子上。

(3)再次向上跳跃,再换另一只脚踩在凳子上,如此反复练习。

需要注意的是,为了便于加快弹性反应或为快速反弹提供便利,落地时,后脚踝关节要紧。

10. 快速摆动

(1)练习者与同伴面对面站立,两脚分开,稍屈膝下,目视同伴。也可以做专业的拳击准备动作。

(2)同伴手持大码拳击手套或泡沫球棒攻击练习者,从头部开始,注意控制力度,安全第一。

(3)同伴攻击过程中手中的工具始终是笔直朝向练习者的,攻击的方向是沿练习者身体的矢状面攻击。

(4)练习者全身闪动避免被同伴手中的工具攻击到,如攻击左侧,则移到右侧,攻击右侧,移到左侧。

两人互换角色反复练习。

11. 躲避训练

(1)练习者与同伴面对面站立,两脚分开,稍屈膝下,目视同伴。也可以做专业的拳击准备动作。

(2)同伴手持大码拳击手套或泡沫球棒攻击练习者,从头部开始,注意控制力度,安全第一。

(3)同伴攻击过程中手中的工具始终是笔直朝向练习者或有一定的倾斜,攻击的方向是沿练习者身体的横切面或纵切面攻击。

(4)面对同伴的攻击,练习者快速躲避,但不是像快速摆动练习一样左右两侧躲避,而是从工具的下方钻过以躲避攻击。

12. 牵制对手

(1)将 4 个标志桶摆放在场地的四个角,四个标志桶围成的长方形长 75 米左右、宽 18 米左右。

(2)练习者在底线位置做好出发的准备姿势,三名同伴扮演人墙角色,与练习者面对面站立,同伴站成一条直线,便于牵动练习者。

(3)练习者通过反复的侧移、后撤步来冲过人墙,向目标方向跑进。与此同时,作为人墙的同伴要尽可能前后左右移动来牵制练习者。

需要注意的是,三名同伴牵制练习者时必须保持移动方向的一致性,始终站成一排,不能各跑各的。

13. 四格跳跃+附加训练

四格跳跃是在一个格子中完成双脚跳,遵循 1、2、3、4 的格子顺序,然后再回到 1 的练习模式。练习者在跳跃时,双脚开立,在重复跳跃的过程中保持运动姿势。

附加训练指的是按口令完成跳跃并做指定动作,方法如下。

教练喊出下一跳目标格子的编号,喊出的每个编号都有一个对应的指定动作,练习者听到编号口令后必须立即跳到这个格子,并完成这个格子对应的动作,每个格子对应的动作如下。

1:跑到 1 号标志桶,完成 4 次上肢移动练习。

2:跑到 2 号标志桶,完成 4 次横向滑冰练习。

3:跑到 3 号标志桶,完成 4 次绕着 3 号和 4 号标志桶跑 8 字。

4:跑到 4 号标志桶,在 3 号 4 号标志桶之间完成往返熊爬训练。完成反应式训练后,跑回 1 号格子,等待指令。

重复训练,不断加大难度。

14. X 形反应

练习方法:

(1)并排摆放两个跨栏,相隔 1 米。

(2)用力向对角线方向跨出一步,用右脚内侧边缘着地,从位置 1 到位置 2。

(3)后撤步和侧跨步到位置 3。

(4)用力向对角线方向跨出一步,用左脚内侧边缘着地,从位置 3 到位置4。

(5)后撤步和侧跨步到位置1并休息。

(6)重复3次,时刻保持运动姿势。

变换练习:

(1)按上述练习方法和节奏练习,移动中添加抛球动作。

(2)快速双脚点地,身体始终保持积极准备姿态,并根据教练员发出的听觉信号或视觉信号完成反应性对角线跨步。每次完成爆发式对角线跨步之后,回到位置1或位置3,继续快速双脚点地。

15. 疯狂接球

练习方法:

(1)两脚开立,手持球,向空中高抛球。

(2)卧在地上,双臂支撑身体,然后快速弹跳起身,在球反弹两次之前接球。连续练习。

变换练习:

(1)抛球后俯身摸地,然后在球反弹两次前接球。

(2)向不同方向抛球来训练多方向的反应性。

16. 绳梯—滑雪跳跃＋反应训练

练习方法:

(1)采用两点站姿,右脚在绳梯的第一格里,左脚在第一格外。

(2)向前向右斜跳,左脚落在绳梯的第二格里,右脚在第二格外。

(3)落地后,立即向前向左斜跳,右脚落在绳梯的第三格里,左脚在第三格外。

(4)按照这个顺序依次完成整条绳梯。

变换练习:

(1)在绳梯末端加一个专项运动技能,通过整条绳梯后完成该技能。

(2)在整个训练过程中根据教练的视觉指令做出反应,如教练双手举起时,练习者喊出一个偶数数字,教练单手举起时,练习者喊出一个奇数数字。

(3)添加两步或三步的跑动,对练习者提出直线移动速度和反应速度的要求,使其按要求通过绳梯。

(三)动作速度训练方法

1. 起动训练

(1)平行式两点站姿起动
①以运动姿势开始,稍屈膝、屈髋,双脚分开,与肩同宽。
②一只脚后移至身体重心的后面一点,快速着地。
③身体收紧,肩部前倾,通过有力的摆臂动作爆发式向前移动。
可以尝试在起始位置直接快速向后撤一步,使所有向前的动力都在一条直线上。
(2)前后两点站姿起动
①两角前后开立,屈髋、屈膝,大部分身体重量落在前脚掌。
②摆动腿直指向前,与前脚跟的距离与髋同宽。
③摆动腿向前冲,同侧手臂向后摆,沿直线向前。
(3)高抛实心球
①屈膝下,将实心球放在双腿之间的地面上。
②抓住实心球两侧,手指摊开。双臂向前下方伸展,抬头,躯干收紧。
③向前送髋,向上抬肩,身体直立并向上抛球或扔球。
(4)下跌起动
①双脚并立,身体前倾直到失去平衡。
②快要倒地时快速向前移动。
③继续加速。

2. 加速训练

(1)走军步
①两脚并立,手臂下垂落在体侧,抬头挺胸,目视前方。
②一侧腿的膝关节抬高,完全弯曲,同时保持脚踝背屈接近臀肌,抬到最高点时,向前伸展,落地,送髋,换另一侧腿。
③手臂前后摆动配合下肢动作
(2)小跳
①跳跃时使用完美的姿态和手臂动作。
②一侧腿膝关节抬起,完全弯曲,同时脚踝背屈并接近臀部,在空中

时保持军步走中的高位姿势。上身始终直立、稳定。

③脚落地时安静、有爆发力,不要猛地落地。强调踝关节肌肉的硬度。

(3)换挡

①将5个标志桶一字排开,两两相隔18米左右。

②在标志桶之间变换跑步强度,练习加速和在各种速度(或挡位)之间切换(过渡)。例如,在1号和2号标志桶之间用半速(二挡)跑步,2号和3号标志桶之间用3/4速度(三挡)。3号和4号标志桶之间用1/4速度(一挡)在4号和5号标志桶之间用全速(四挡)。

练习者可以根据需要调整挡位顺序,也可以对标志桶的数量进行增减调整,以加大或减低练习难度。

(4)快速步频转加速

①身体直立向前移动,用力摆臂,强调步频,而不是水平速度。

②快速移动一定距离后,躯干前倾,向前再加速移动一定距离。

③躯干全程紧、挺直,步伐有力,注意用肩部带动摆臂。

(5)正面阻力

①练习者与同伴面对面站立,同伴将双手放在练习者肩上。

②用力向前移动(身体收紧),同伴与其进行轻度对抗。

③同伴在没有提示的情况下快速向边上移动,练习者继续加速移动。

④在阻力条件下完成一定距离的快速移动后,取消阻力,继续加速练习。

3. 最大速度训练

(1)横向滑步到向前冲刺

来回横向滑步5～10米,然后再向前冲刺10～20米。

横向滑步时保持低重心,脚尖向前,手臂放松。横向滑步到设定好的位置,然后向前冲刺,也可以在做出有效的技术后或根据某种指令、刺激开始向前冲刺。

(2)进进出出

向前加速奔跑20米,再加速跑20米,再继续加速跑20米,最后慢速跑10～20米。

注意从加速跑转为匀速跑后要保持身体放松,同时也要保持高步频。第二次加速时要有意识地提高从快速奔跑到冲刺的能力。可以根据运动项目的特点和练习者的实际情况而设定每个阶段的距离。

(3)步行—慢跑—冲刺

摆放 2 个圆锥筒,间隔 10～20 米。从第一个圆锥筒处开始向前步行,慢慢进入慢跑状态,跑到另一个圆锥筒前进入冲刺状态。

练习中要注意速度和节奏的变化。

四、耐力素质训练方法

耐力素质是指人们长时间坚持工作及人体在运动中克服疲劳的能力。在运动中,当疲劳出现时,运动速度、力量、神经肌肉的协调配合能力就会下降,从而导致灵敏性和动作准确性降低,妨碍技术水平的正常发挥,甚至造成动作失败,影响运动成绩。因此耐力素质是人体的基本身体素质之一,良好的耐力是大负荷训练后加速恢复的重要前提。

耐力素质可分为以下几类。

(1)肌肉耐力是指肌肉长时间工作对抗疲劳的能力。

(2)有氧耐力是指人体在供氧充足的情况下克服疲劳的能力。进行有氧训练时,每分钟的心跳应是 140～150 次(即极限心率的 60%～90%)。

(3)无氧耐力是指人体在供氧不足(有氧)的情况下克服疲劳的能力。进行无氧训练时,每分钟心跳大约是 180 次或 180 次以上。

(4)一般耐力是指运动员有机体各器官系统长时间协调工作的能力。

(5)专项耐力是指运动员在精神高度紧张的情况下,快速做出各种不同动作的能力,如连续扣杀或持续挥臂的力量耐力、步法快速移动的速度耐力。

在发展耐力素质时,一般注意肌肉耐力及有氧、无氧耐力的训练。

(一)肌肉耐力训练

1. 立卧撑接蹲跳起

每组动作:20～30 次。

组数:3～5 组。

每组间歇时间3～5分钟。

运动量的强度为极限的60%～70%。

每周训练1～2次。

2. 连续跑台阶

在台阶高20厘米的楼梯或50厘米的看台连续跑,距离20～30米,3～5个来回。

组数:3～5组。

每组间歇时间:3～5分钟。

运动量的强度为极限的80%～100%。

每周训练1～2次。

3. 负重连续跳

肩负杠铃等轻器械做连续原地轻跳或提踵练习。

每组动作:30～50次。

组数:3～5组。

每组间歇时间:3～5分钟。

运动量的强度为极限的50%～60%。

每周训练1～2次。

4. 连续跳推举

原蹲立,双手握杠铃杆,提至胸后,连续做跳推举杠铃杆。

每组动作:20～30次。

组数:3～5组。

每组间歇时间:2～3分钟。

运动量的强度为极限的40%～60%。

每周训练1～2次。

5. 跳绳

单摇:每组动作3～5分钟。

双摇:每组动作1～2分钟。

组数:各 3～5 组。
每组间歇时间:2～3 分钟。
运动量的强度为极限的 40%～60%。
每周训练 1～2 次。

6. 俯卧撑

每组动作:30 次。
组数:3～5 组。
每组间歇时间:2～3 分钟。
运动量的强度为极限的 50%～60%。
每周训练 1～2 次。

7. 半蹲静力练习

躯干伸直,屈膝约 90 度成半蹲姿势静止 2～5 分钟。
组数:3～5 组。
每组间歇时间:3～5 分钟。
运动量的强度为极限的 40%～50%。
每周训练 1～2 次。

(二)无氧耐力训练

冲刺跑。
距离 200 米、400 米连续跑。
组数:各 2 组。
运动量的强度为极限的 60%～80%。
每周训练 1 次。

(三)有氧耐力练习

1. 长跑

距离:1000～4000 米、4000～6000 米。

每周训练 1 次。

运动量的强度为极限的 60%～70%。

2. 变速跑

田径场跑道 400 米×5 圈,每圈 30 米冲 4 次,每圈 50 米冲 2 次×3 圈,每圈 100 米冲 2 次。

运动量的强度为极限的 60%～80%。

每周训练 1 次。

3. 多球训练

用多球练习做推、侧、扑、摆速。正手全台跑位,连续扣杀高球,50～80 球为一组。

组数:3～5 组。

每组间歇时间:3～5 分钟。

运动量的强度为极限的 80%～100%。

每周训练 2～4 次。

4. 登山

听教练员口令从山脚下起动至规定的山上的终点。

距离:3000～5000 米。

运动量的强度为极限的 60%。

每两个月训练 1 次。

40 分钟以上足球比赛。

运动量的强度为极限的 40%～50%。

每周训练 1 次。

5. 楼梯跑

楼梯往返跑训练,跑步登梯然后用慢速跑回起点。

时间要求:5～8 分钟。

运动量的强度为极限的 40%～50%。

每周训练 1 次。

耐力训练每节练习时间为 40～60 分钟,在一般训练期内每周 2～3 次,至少持续 6 周,为增强耐力打下基础。赛前期间每两周一次耐力训练,以保持耐力储备。如果两周内不进行耐力训练,会导致有氧能力的急剧下降;如果 6 周不进行耐力训练,所有的耐力储备将消失,所以要保持耐力训练的持续性并调整耐力训练的周期性。

耐力训练时间较长,运动负荷较大,在运动员健康水平不佳和机能能力有障碍的情况下,应根据实际情况,减量或终止练习。

(1)耐力素质训练应遵循人体生长发育的规律。

(2)耐力训练中应注重呼吸方法节奏和深度。

(3)根据运动员个体特点(训练程度、机能水平)来确定练习强度、持续时间、间歇的时间以及重复练习的次数。

(4)有氧耐力练习与无氧耐力练习相结合。有氧耐力是基础,无氧耐力的发展是建立在有氧耐力提高的基础上,发展有氧耐力过程中,穿插一些无氧耐力练习。

(5)耐力练习后要采取有效的措施和手段,使疲劳的肌肉及神经系统得以放松和及早消除疲劳,为下次练习创造条件。

五、柔韧与协调素质训练方法

(一)柔韧素质训练方法

1. 颈部拉伸

(1)在椅子上坐好,背挺直,后脑勺、耳朵、肩膀位于一条垂直线上。
(2)一只手臂向斜前方伸展抓住异侧椅子前端。
(3)头轻轻地向左侧倾斜,还原并向右侧倾斜。
(4)持续练习 1 分钟。
(5)另一只手臂向斜前方伸展抓住椅子另一侧的前端,并按上述方法练习 1 分钟。

两侧交替练习。

2. 肩部拉伸

(1)侧对门框,两脚开立。
(2)伸展右臂,与腰齐高。
(3)右前臂转动至手指将门框边缘抓住。
(4)向左转体,持续拉伸1分钟。
(5)慢慢还原、放松。
(6)身体左侧侧对门框,伸展左臂。
按上述方法练习。两侧交替练习。

3. 背部拉伸

(1)上背部拉伸
①在椅子上坐好,身体放松。
②一只手臂经体前搭在异侧肩上,另一侧手臂体前屈拉搭肩手臂的肘部,持续拉伸1分钟。
③换另一只手臂搭在异侧肩膀上,按上述方法练习,同样持续拉伸1分钟。
两侧交替练习。
注意两脚在地上位置不变,背部始终处于挺直状态。
(2)后背中部拉伸
①坐在垫子上,上体挺直,一腿贴地伸直,一腿屈膝交叉在伸直腿外侧。
②与伸直腿同侧手臂的肘放在屈膝腿膝盖上,另一侧手伸展支撑于地面。
③放在屈膝腿膝盖处的肘用力推屈膝腿,使上肢与屈膝腿分开一定距离,上体顺势向一侧扭转,持续拉伸1分钟。
④另一条腿屈膝,向另一侧扭转拉伸,方法同上。
两侧交替练习。
(3)下背部拉伸
①在垫子上仰卧,头在枕头上。
②两腿向同一侧屈膝上抬靠近胸部,直至大小腿垂直。
③肩膀始终在地面上固定不动,保持拉伸姿势1分钟。

④两腿伸展放松,再次屈膝向另一侧拉伸。
⑤两侧交替练习。

4. 大腿拉伸

(1)大腿前侧拉伸

①两脚开立,一侧腿屈膝下跪,保持膝关节弯曲90度,另一侧腿屈膝至大腿平行地面,保持骨盆与髋处于平直状态。

②身体下压,前腿膝关节角度不变,髋关节异侧腿有明显的拉伸感。

③持续拉伸1分钟

④下跪腿屈膝,大腿平行地面,另一侧腿屈膝跪地,膝关节弯曲约90度,然后按同样的方法练习。

⑤两腿交替练习。注意上身始终挺直不动,不能前俯后仰。

(2)大腿后侧拉伸

①在垫子上卧,将枕头垫在头下,整个身体面向一道门。

②臀部完全在地上。

③一条腿举起放在墙上,充分拉伸,但不必一定要伸直,伸展到最大限度即可。

④另一腿伸向门柱,若有不适感,可将一个枕头或其他软物垫在膝关节下。

⑤持续拉伸1分钟。

⑥两腿变换姿势,继续按上述方法练习。两腿交替练习。

(3)大腿中部拉伸

①背对着墙坐在垫子上,两脚外侧着地,脚底并在一起,双膝向下压,但不要勉强,使腹股沟部位有明显的拉伸感。

②背部保持挺直状态,不要塌腰。

③持续拉伸1分钟,然后放松1分钟。
重复练习。

(4)大腿侧面拉伸

①在垫子上仰卧,将枕头垫在头下。

②分开两腿,臀、盆骨完全着地。

③一条腿屈膝抬起,膝关节向腹部靠近,脚落在另一侧腿膝关节上方。

④抬起腿向异侧移动直至与身体基本垂直,臀部不离地。

⑤屈膝腿异侧手放在屈膝腿膝盖处轻轻拉伸,注意不能用蛮力强迫拉伸。

⑥持续1分钟秒,换另一侧腿按上述方法继续练习。

两腿交替练习。

5. 小腿拉伸

(1)小腿前侧拉伸

①在椅子上坐好,一腿屈膝抬起放在支撑腿大腿上,脚踝位于支撑腿的膝盖外缘。

②支撑腿同侧手将屈膝腿脚尖外侧抓住,向同侧拉,使小腿有明显的拉伸感。

③持续拉伸1分钟。

④屈膝腿落地成为支撑腿,之前的支撑腿屈膝抬起放在另一侧腿的大腿上,按上述同样的方法进行练习,同样持续拉伸1分钟。

⑤两腿交替练习。

(2)小腿后侧拉伸

①在椅子上坐好,两脚分开。

②将8~12厘米厚的书放在脚的正前方。

③左脚的脚掌踏在书上。

④轻微拉伸小腿部位。

⑤持续1分钟。

⑥左脚落地,右脚脚掌放在书上,脚跟着地,轻微拉伸右腿小腿部位。

两侧交替练习。

6. 臀部拉伸

(1)在垫子上仰卧,整个身体面向墙,将枕头垫在头下。

(2)两脚分开,右侧腿抬起置于墙上,并屈膝至大小腿垂直。左侧腿举起放在右腿上,膝、踝关节超过右侧腿的膝盖。

(3)髋和骨盆始终在地上。体会臀部左侧的拉伸感。

(4)持续1分钟。

(5)抬起放在墙上,右腿举起放在左腿上,按上述方法重复练习。两腿交替练习。

7. 肩关节柔韧训练

(1)向内拉肩

站姿,一侧手臂肘关节抬到齐肩高,屈肘与另一臂交叉。另一臂抬到齐肩高将对侧肘关节抓住,呼气,向后拉,保持片刻。

(2)助力顶肩

跪姿,双臂上举,双手交叉于身后的辅助者颈后。辅助者手扶在髋部触碰对方肩胛部位,后仰,用髋向前上顶,保持片刻。

(3)背向拉肩

背对墙而立,双臂向后伸展扶墙。呼气,屈膝,重心下移,手臂和上体充分伸展,保持片刻。

8. 腕关节柔韧训练

(1)向内旋腕

站立,双手合掌,手臂伸直。呼气,手腕内旋,双手分离。

(2)跪撑侧压腕

跪姿撑地,手指指向体侧。呼气,重心缓慢向前后方向移动。

9. 关节柔韧训练

(1)身体扭转侧屈

站姿,左腿伸展、内收,在右腿前交叉。呼气,上体右侧屈,双手尽力触碰左脚跟,保持片刻。

(2)侧卧拉引

侧卧,双腿伸展。呼气,上面腿向体前下方伸展,悬在空中,保持片刻。

两腿交替练习。

(3)仰卧臀拉伸

仰卧,外侧腿从台子上向下移到悬垂空中。吸气,内侧腿屈膝,双手抱膝缓慢拉向胸部,保持片刻。

10. 踝关节柔韧训练

(1)跪撑后坐

跪姿，双手撑地，双脚并拢，脚掌在地面支撑。呼气，臀部向后下方移，保持片刻。

(2)踝关节向内拉伸

坐姿，一侧腿屈膝，放在另一侧腿大腿上，同侧手抓屈膝腿的踝关节上部，异侧手抓住屈膝腿的脚外侧。呼气，将踝关节外侧向内拉引，保持片刻。

(二)协调素质训练方法

1. 锥形轮子

练习方法：

(1)将若干锥形圆圈(半径3～5米)竖立在地上，保持适宜间距。

(2)从一个锥形物出发向另一个锥形物跑进，每通过一个锥形物时完成一个专项运动技术，将专项技能与跑的练习结合起来。

变换练习：

(1)增加阻力或提供辅助进行变换练习，同时穿插变化的专项技能，提高练习级别和难度。

(2)将一个滚动球放在练习区域，通过每个锥形物时要绕开球，不能碰到球也不能被撞到。

2. 一个接一个的活动

练习方法：

(1)选择一个运动场地，场地大小规格依据练习者的运动水平而定，水平越高，场地越大。场地上摆放一排箱子。

(2)练习者分两排站在箱子两侧，面对面，其中一排是主要练习者，另一排负责干扰。

(3)负责干扰的队员向练习者扔沙包等物体，主要练习者面对正对面队员的干扰，要迅速移动闪躲，躲开干扰，闪躲过程中还要保持身体平衡,防止摔倒。

(4)一旦练习者被击中,就与干扰者互换角色。

变换练习：

练习者在闪躲过程中采用不同的躲避方式,并完成指定的动作,成功躲避后要及时减速。

3. 扔球

练习方法：

(1)练习者站在球上保持平衡,同伴手持球,距离练习者4米左右,两人面对面。

(2)同伴松手扔球的瞬间,练习者以最大速度向球的方向冲刺,注意通过摆臂来提速。尽可能在球第一次落地反弹后将球接住。

(3)每成功接球一次,练习者与同伴的距离就增加1米,以不断提升练习难度。

变换练习：

(1)练习者与同伴站成一排或背对背站立,同伴扔球后,练习者快速转身接球。但同伴松手后要发出信号,使练习者迅速作出反应。

(2)练习者在急速跑动接球或转身接球时可以将一些起动姿势加入其中,或者加入超等长练习。

(3)多球练习,使练习者连续跑动接球。

4. 袋鼠跳

将练习者分成人数相等的两队,两队间隔一定距离成纵队站在起点线后。游戏开始,每队第一人听教练员信号,迅速跳进麻袋,双手提着麻袋口,双脚跳跃,过折返线后钻出麻袋,提着麻袋跑回,交给第二人。第二人继续练习,依此类推,两组最后一人跑回起点线则结束游戏,先完成的队获胜。

5. 跳长绳

将练习者分成两组,每组先选出两人摇绳,其他人陆续全部进入绳中连续跳绳,跳绳停摇为一局,每局进入跳绳人数多的一方或全部进入后跳绳次数多的一队获胜。

6. 一加一投篮比赛

将练习者分成人数相等的两队,各成一路纵队分别站在两个半场的罚球线后,排头手持篮球,投中可再投一次;如第一次未投中不可再投。排头投篮后传给第二人,自己站到队伍最后,依此类推,直至全队完成投篮,累计投中次数多的一队获胜。

7. 空中接球

把练习者分成人数相等的两队,各自选定起跑点,做好标志,各成一路纵队排在助跑道两边。游戏开始,各队第一人自起跑标志加速助跑踏跳成腾空步,在空中接住来球,落地后再将球回传,其他队员依次进行。在空中接住球得1分,累计总分多的一队获胜。

8. 发球得分

将练习者分成人数相同的两组,其中一组所有人站在本方场地端线后,每人各持一球,另一组在场外拾球。持球组排头正面上手发球,向对方号码区击球,球落到几号区得几分,依次进行。两组轮换练习。累计分数多的一组获胜。

第四节　体操专项体能训练

一、专项力量素质训练

(一)手腕关节力量训练

进行控倒立、倒立爬行、连续俯卧推跳及负重手腕屈伸练习等。

（二）上肢力量训练

(1)做计时的单臂俯卧撑、负重俯卧撑、自由倒地成俯撑的练习。
(2)做各种跳起成俯撑的动作练习。

（三）下肢力量训练

(1)原地连续纵跳、连续团身跳，10～20米的单脚或双脚连续跳、原地屈体分腿跳等。
(2)原地连续屈体分腿跳，负重屈体分腿跳，扶肋木前、侧、后方向快速踢腿，连续科萨克跳或连续吸腿跳等。

（四）躯干力量训练

(1)专门性控腹练习、分腿支撑、直角支撑等。
(2)分腿支撑和直角支撑转体等。

二、专项速度素质训练

(1)专门性的动作速度训练。连续做 4×8 拍大踢腿或连续进行快速屈体分腿跳等。
(2)反复完成某一操化动作。要求在动作技术正确的前提下尽可能快地到达动作结束位置，练习肢体的爆发力及控制能力。
(3)负重跳操训练。运动者四肢负重进行整套体操运动训练的动作练习，一段时间后，运动者的动作速度将有明显的提高。
(4)加快体操运动训练中的音乐节奏进行训练。在较慢的速度下完成一段操化动作，随着动作的熟练加快音乐节奏，伴随音乐节奏准确完成动作，这是体操运动训练操化动作训练的有效途径之一。

三、专项耐力素质训练

持续进行体操运动训练跑跳动作的组合练习能有效提高体操运动员的专项耐力素质。在训练过程中,运动员进行跑跳动作组合练习要达到一定的时间和量,半套、成套、超成套或多成套的成套练习,训练过程中一般采用80%～90%的训练强度,将心率控制在180～190次/分钟。

四、专项柔韧素质训练

(一)躯干专项柔韧性训练

(1)体侧屈:两脚并拢或开立、与肩同宽,双手举起于头顶上互握,由手带动躯干侧屈直到极限,保持该拉伸状态10秒。

(2)体侧转:两脚并拢或开立、与肩同宽,两臂侧平举,向左转动时以左肩带动躯干左转到最大限度控制10秒,向右转动时以右肩带动躯干向右转到最大限度保持10秒。

(3)体后屈:两手正握肋木,两腿并拢或开立、与肩同宽,抬头、挺胸,上体后仰到最大限度保持10秒。

(二)四肢专项柔韧性训练

(1)各种徒手体操中活动肩、肘、髋关节的动作。
(2)双手握肋木直臂压肩韧带或双手体后握肋木向前探肩。
(3)与同伴互扶俯身正侧压肩。
(4)压腿训练:分别进行正压腿、侧压腿和后压腿。
(5)控腿训练:前后、左右腿垫高下压,尽量把"胯"部拉开,或把腿按正、侧、后三个部位举起,控制在一定高度上。
(6)搬腿训练:上体固定不动,躺在垫上在同伴的帮助下做正面(或侧面、后面)的搬腿练习。
(7)耗腿训练:把腿向正面(或侧面、后面)置于一定高度物体上,保持姿势几十秒钟。

五、专项灵敏素质训练

(一)步法训练

体操运动训练步法的训练应遵循先易后难的基本原则,在训练初期,应准确掌握步法的基本移动和重心移动,然后在此基础上结合体操运动训练,音乐逐渐加大难度,练习多种步法的组合训练,以此提高腿部的运动协调性。

(二)手臂动作训练

体操运动训练手臂动作的训练程序与体操运动训练步法训练类似,训练初期先进行基本手臂动作的训练,使手臂可以自由地屈伸、内收、外展和旋转,然后对手臂动作进行简单的编排和组合再次进行训练,要求结合体操运动训练音乐完成再创作之后的手臂动作训练。

(三)四肢配合训练

通过步法和手法的练习,在熟练掌握体操运动训练基本手法和步法的基础上,将体操运动训练手法和步法动作结合起来反复进行训练,以提高体操运动训练运动者四肢的协调配合能力。

(四)全身协调性训练

在上述训练的基础上,通过身体关节(肩、髋、膝)的练习以及躯干的灵活性训练,重复进行提肩、绕肩、双肩同时绕、顶髋、绕髋、移髋、躯干前后左右移动等练习,再进行肩、髋、躯干的组合动作练习,以提高全身进行体操运动训练动作练习的协调性。

第六章　竞技体操学练指导

竞技体操运动有着悠久的历史,它是通过徒手或在器械上完成不同类型、不同难度动作,以动作质量为前提,追求唯美的技能类体育竞赛项目。本章主要对自由体操、鞍马、吊环、双杠、单杠、跳马、高低杠、平衡木等项目的学习与练习方法加以介绍。

第一节　自由体操学练

一、男子自由体操基本技术训练

(一)踺子(侧手翻向内转体90度)后手翻

趋步跳起落地时身体前倾不能过多,否则会因重心压得过低,造成踺子完成后肩位置偏低,而容易出现屈膝前卷。当蹬地腿落地时,摆动腿应迅速积极向后上方摆起并与上体保持一条直线(即在手未撑地前,摆动腿就应积极上摆)。蹬地腿与摆动腿不宜过早并腿,并腿早必产生制动,影响向前速度和翻转速度,所以没有必要强调在倒立部位并腿,应把并腿视为一个"自然动作",关键强调速度。落地时采用全脚掌着地,并保持直体姿势,髋在脚之后,肩在髋之后,重心要高,两臂下沉置于腹前,双膝自然缓冲,然后做向后甩臂动作。后手翻两手撑地时,肩不能远离支撑点,脚的落地点应根据动作类型不同,因人而异,但不能离手太远,以防止跟腱过度拉长而受伤。起跳一定要立肩、直髋。这样身体重心高,对于连接后面的空翻较为有利。

训练方法:
(1)采用小山羊上跳下接踺子练习,蹬地腿落地摆动腿迅速向后上摆起。
(2)用语言来强调"先摆腿(指摆动腿),后撑手"。
(3)采用踺子单腿依次落地,纠正"收髋的错误动作"。
(4)采用无腿山羊摆倒立,然后做身体鞭打着地跳起再落在山羊上。

(二)旋空翻

旋空翻指空翻两周同时转体360度及以上的翻腾动作。旋空翻是当前男子自由体操的主要难度之一,有团身旋空翻、屈体旋空翻和直体旋空翻。目前最高难度为直体后空翻两周同时转体720度,简称直体720度旋。一般来说,可以通过三种方法来完成旋空翻:第一周空翻完成转体,第二周单一空翻;第一周单一空翻,第二周进行空翻转体;第一周空翻先转体180度,第二周空翻继续完成转体。

训练方法:
(1)练习前空翻两周。
(2)练习前空翻两周转体180度或540度。
(3)练习后空翻转体180度,前空翻转体180度或540度。

二、女子自由体操训练

(一)形体训练

对于体操运动员来说,形体是非常重要的一方面,在平时的训练中需要不断地加强形体训练,这是提高体操技术的基础和保证。形体训练不仅能够塑造运动员正确的身体姿势,还能培养其美的意识,对于提升自己体操技术的表现力是非常有利的。

第六章　竞技体操学练指导

女子竞技体操运动员进行形体训练,需要从以下几个方面进行。

1. 严格要求动作规格,加强基本动作训练

形体训练要从站立、行走、举手、投足等基本的动作开始,严格要求动作的规格。运动员在训练的过程中,要在音乐的伴奏下,掌握基本技术和动作要领,同时还要培养和启发自己的想象力,为今后提高技术动作的表现力和个人风格的形成打下坚实的基础。

2. 重视基本技术练习

形体训练还要非常重视基本技术的练习,练习时要按照基本规则进行。由于在比赛中因体操动作质量或连接技术达不到要求而被降组或被判为动作之间有多余步伐的情况屡见不鲜,所以在训练中必须讲求训练的手段和方法,严格规范技术动作。在平时的训练中还要注意动作的编排,编排要合理有序,动作完成得干净利落,这样才能给观众和评委留下良好的印象,而不至于被扣分。

3. 加强放松动作的训练

放松动作和各种剧烈的、快速紧张的动作相互交替,变换动作和节奏,表现出运动员良好的协调能力,因此,加强运动员放松动作的训练也是至关重要的。一般来说,放松动作常常出现在艺术体操等级大纲中,从中选择一些适用于体操运动员的内容加入形体训练中去,往往能收到意想不到的效果。

(二)技巧串训练

发展到现在,女子自由体操非常注重技巧串的训练。技巧串的加难加长和一套动作包括四串高难度的技巧连接就是女子自由体操发展的趋势之一。

运动员的技巧串训练必须有一个前提,那就是在正确、熟练地掌握了单个动作的前提下进行,否则就难以取得良好的训练效果。

运动员在技巧串训练中,需要注意以下几个方面:第一,必须遵循技巧动作连接技术的生物力学规律,搞清训练对象的情况,把握训练的起

始时机;第二,技巧串训练必须要循序渐进,采用科学合理的训练手段和方法;第三,集中注意力,及时发现训练中出现的各种问题,并能采取措施加以解决。训练要按部就班地进行,切不可操之过急和粗心大意。

第二节 鞍马学练

一、技术训练

对鞍马各种类型动作的关键性和基础性技术的训练。

(一)关键性基本动作

选择关键性基本动作,制订技术规格,练习其中关键技术,最基本技术训练通常采用的方法,如单腿摆越、交叉,双腿全旋、托马斯全旋,单环全旋,捷式转体和各种移位动作等。

(二)基础性技术动作

选择动作技术中的关键环节进行专门训练,而不是练习某个完整动作,也是基本技术训练的一种方法。如挺身转体爬圈练习,只练习挺身转体技术,又如把马乔尔打滚的第一个转体90度单独进行等均是如此。

改变器械条件进行基本技术训练,如采用山羊、无环马、单环马等练习基本技术,由于降低了器械障碍带来的困难程度,因而不利于正确技术的形式。

在鞍马基本技术训练中,应注意全面性、先进性、稳定性和预见性。鞍马基本技术训练,是发展难新动作的基础,是高质量完成鞍马动作的前提,对鞍马的稳定性和技术水平的提高起着重要的作用,是鞍马训练的一个重要环节。

二、山羊或鞍马运动的训练

在现代体操训练中,山羊通常作为训练鞍马双腿全旋、全旋转体及托马斯全旋等动作的辅助器械,其特点是器械小,运动员无顾虑,学习兴趣浓,易于掌握动作。利用山羊作为辅助器械进行练习,成为学生鞍马入门训练中不可缺少的一个重要组成部分。

(一)山羊全旋训练方法

这里以右进左出为例,含环上、单环全旋的技术。环上、单环全旋的技术和训练重点与山羊全旋相同。

1. 体验全旋发力的感觉性练习

(1)甩呼啦圈,体会腰腹甩动的感觉。
(2)利用低吊环,采取腋下挂环,做直体绕动身体练习。

2. 全旋的启动练习

(1)地上俯撑,由后经侧向前的摆动练习。
(2)低山羊或蘑菇马进行进腿时放手与撑马的练习。
(3)教练员站于练习者身后,帮助进行进腿练习。

3. 完整的全旋辅助练习

双脚置于悬挂的"吊篮"中做全旋的绕动练习,建立完整的全旋概念。

4. 独立完整练习

独立进行完整的全旋练习。

(二)全旋移位训练方法

进腿技术:俯撑以右臂支撑力轴,转体90度成背撑的进腿技术。
出腿技术:背撑转体90度成俯撑的出腿技术(以下称出腿技术)。

1. 掌握俯撑以左臂支撑为轴转体90度成背撑的进腿技术

(1)利用长方形小山羊,从马端开始,做跳起以左臂支撑为轴绕90度成背撑的重心靠移练习。
(2)利用悬挂的"吊篮"作以左臂为轴转体90度的进腿重心靠移练习。
(3)山羊马端全旋二次,第三次做以左臂支撑为轴绕转90度成背撑的重心靠移练习。

2. 掌握背撑以右臂支撑为轴转体90度的出腿技术

(1)利用悬挂的"吊篮"做双腿侧摆,以右臂为支撑轴转体90度的出腿重心靠移练习。
(2)从山羊的正撑处,全旋3次,第三次作以右臂支撑为轴转体90度的出腿重心靠移练习。

3. 掌握连续的进、出移位90度+90度的靠移练习

充分利用"吊篮"重复练习,提高熟练性和稳定性。

4. 独立完整练习

独立进行完整的全旋移位练习。
需要注意以下几点。
(1)重心向左。当全旋至俯撑位,重心移向左臂,脚尖向右侧伸。
(2)旋转转体。放右手,身体绕左臂旋转,完成90度转体后,右手积极撑马,重心移至两臂之间。
(3)重心向右。当身体全旋至背撑位时,重心移向右臂,脚尖向左侧伸摆。

(4)重心居中。放左手,梗头,身体绕右臂旋转,完成90度转体后,左手积极撑马,重心移至两臂之间。

(三)俄式挺身转体360度训练方法

1. 重心的移靠

全旋背撑时,做全旋出转体90度成俯撑的练习。

此练习主要体验转体时,稍做留腿动作,并通过左手积极向右手支撑臂靠近,为重心移向左臂和右手的转移前撑创造有利的条件。

2. 头肩的带转和下肢的摆动

全旋俯撑位开始,右手前撑,通过头、肩向左转动,形成下肢滞后的态势,右手前撑完成后由头、肩带动腰、髋力量做下肢的摆动。

3. 完成转体360度的完整练习

当右手支撑转体完成后左手积极回撑至右手平行位,并立即将重心移至左臂,右手继续前撑重复第二步练习,完成360度的转体。

(四)山羊或环上托马斯全旋训练方法

1. 掌握正确的技术理念和发力点

(1)练习者从俯撑开始,做跳起向右侧上方踢右腿留左腿的练习。

(2)以上练习熟练后,做跳起向右侧上方踢右腿同时左脚尖顺右侧下方前伸的练习。

上述两种练习要求两腿充分打开,左脚前伸时将髋带出。

(3)练习者从左侧位开始,做蹬起向上踢左腿后右腿迅速顺左侧向后方划摆练习。

2. 进腿与出腿

进腿与出腿结合练习。

(五)俯腾越下训练方法

1. 低无环马的分解练习

反马头全旋,身体即将旋至俯撑位时,两腿触马后提、撩下肢。

2. 利用低无环马

练习者站于马头一端,两手撑于地,做提撩的配合练习。

3. 掌握全旋变轨下沉的方法

变轨下沉方法有两种,可根据能力选用。
(1)上挑下沉式。最后一个全旋时,两腿略向上挑,右手撑马后,重心移向右手,同时两腿下沉,双臂支撑,梗头、含胸、提臀、展髋转体180度完成俯腾越下。
(2)侧摆下沉式。其他要领与练习一相同,唯一不同处是最后一个全旋身体近乎直体由右侧向前下方做下沉动作。

(六)马头打滚转体360度训练方法

1. 翻滚后与顶撑的配合练习

利用蘑菇山羊做连续打滚练习。
全旋打滚幅度由小到大,由屈至直,发力由下肢到整个身体。

2. 第一个打滚转体180度练习

利用无环马,做马头全旋打滚转体180度练习。

3. 第二个打滚转体 180 度练习

利用无环马,做反马头全旋打滚转体 180 度练习。

(七)马头纵向前移三位训练方法

1. 重心的前移和左右臂支撑的交替

无环马用胶布分隔成三部分,做马头全旋两次,第三次前移至中间位,继续全旋 2 至 3 次。

不应急于求成,首先掌握好重心的移位和支撑的交替。

2. 不怕碰马

熟练掌握马中带环全旋。培养和提高前后不怕碰马的信心和能力。

3. 全旋移动

由带环马中全旋向另一端反马头全旋移动。马中全旋两次,第三次向马端方向移位。

(八)马头纵向后移三位训练方法

该动作有两种练习,其区分的标志是,第一种以右手为主动手带动身体的后移,第二种则是以左手为主动手带动身体的后移,本节介绍第二种练习。

1. 重心的后移与左右手支撑的交替

从反马头开始,以左手为主动臂的一位至二位的后移练习。

2. 二位至三位的移动练习

马中全旋两次,第三次以左臂为主动臂的二位至三位的后移练习。

(九)单腿摆越训练方法

本练习是鞍马动作类型中正反交叉的一个重要基本练习,这种练习有利于掌握反交叉成倒立。

1. 掌握好左右摆腿

(1)双臂挂环,双腿负重的分腿侧摆练习。
本练习重点提高摆腿的开度和速度,为上马做准备。
(2)鞍马上的支撑左右摆腿。
由单摆到负重的摆动,要求上摆动腿摆至与马成垂直,身体重心与肩关节持平,下摆腿摆至马端。

2. 左右腿的进出腿练习

进行单边的反交叉进出腿练习。

第三节　吊环学练

吊环是一项难度比较大的运动项目,运动员在训练时应掌握关键点和重点技术环节,具体可从以下几个方面训练。

一、前后摆动

掌握以腿的晃动,带动髋关节,肩关节和手与环之间的自然、协调的地摆动。

训练方法如下:
(1)前后摇动。前后肌群放松与收缩的摇动,自握点至脚尖,以两头连动的方法,由小摇至大摇,逐步加力,带动整个身体的前后摇动。
(2)掌握摆动。以下肢带动上肢至握点之间的中摆,掌握45度的摆动。

(3)前后摆动。前后大摆动,继续加大下肢发力带动身体上升,并适当加强手腕对环的压力,以提高肩上升的高度。

需要注意以下几点:

(1)后摆技术。

肩部放松。身体下沉至垂直位时,肩部自然放松,梗头、沉肩、稍留脚尖。

向后甩腿。身体过环下垂直位后,用力向后上方甩腿,两臂向前侧送环。

(2)前摆技术。

呈后弧形。身体略呈后弧形下落,垂直位时成拉弓状。

向前兜腿。身体过垂直位后,两腿用力向前上方兜腿,带动髋关节和肩、胸上升,同时,两臂引环。

二、直体后空翻下

训练方法如下:

(1)助力体验。兜腿放手的方向和时间的定位,助力体验完整练习。
(2)独立体验。独立进行完整练习。

需要注意以下两点:

(1)兜腿。前摆时,两腿用力向前上方兜腿,髋上送。
(2)制动。身体摆过握点水平线高度时腿制动,两臂向后侧带肩抛环放手。

三、连续向前高转肩

训练方法如下:

(1)力量练习。提高后摆高度和上升速度,通过助力,力量练习器,加大引环和压环的力量练习。

(2)平躺练习。掌握前翻下落技术,利用约45度的斜板,练习者头下脚上俯卧于板上,在助力下,做向前背腿经倒十字前翻平躺练习。

(3)转肩练习。由低向高的连续前转肩练习。

(4)完整练习。独立进行完整练习。

需要注意以下两点：
(1)下沉。前翻顶肩低头充分下沉。
(2)转肩。用力向上摆腿抬头压环转肩。

四、连续向后高转肩

训练方法如下：
(1)后滚翻经。概念性练习，垫子上做宽直臂后滚翻经倒立胸腹滚练习。
(2)靠绳倒立。提升上肩的速度和高度，助力摆动兜腿上肩成靠绳倒立。
(3)倒立下落。倒立下落前摆练习。
(4)连续转肩。助力由低向高连续转肩练习。
(5)完整练习。独立进行完整练习。
需要注意以下两点：
(1)下沉：肩胸充分伸展下沉。
(2)翻环：兜腿伸脚翻环上肩。

五、团身后空翻两周下

要求空翻高度高于环，团得紧，翻转快，展得开。
训练方法：
(1)抛环时间和位置。
前摆团身翻上成支撑。
此辅助练习在树立兜腿上翻和肩从垂直线位向水平位翻转晚放手的理念，以利将来多周空翻的翻转。
(2)后团两周。后团两周概念性练习，利用弹网进行后团两周的练习。
(3)完整练习。海绵坑内吊环前摆后团两周下的完整练习。
需要注意的是：抛环时间晚而充分。

六、倒立

训练中要求:稍向外分环,缩脖微抬头,顶肩紧腰,身直。
训练方法:
(1)腰腹部动静结合和静力控的练习。
动作一:两手抱马,腿可负重,做快速后摆若干次后,立即水平停若干秒,重复若干次。
动作二:两手抱马,腿可负重,做完全性的水平静止力量练习。
(2)肩带控制能力练习。
动作一:在地上或利用倒立架,做倒立位下落至15个,随后返回倒立位反复练习。
动作二:助力和独立进行连续的从支撑水平位至倒立位的重复练习。
(3)挂、靠、控练习。
动作一:在环上做静态的长时间支撑控环练习。
动作二:在练习者做倒立时,膝盖位高度,用布条将两条环绳捆住,做挂绳的控环练习。
动作三:用一条长度与环宽相等,两头带钩的粗铁丝,将两环扣住,做时靠(靠环绳)时控(脱离环绳)的倒立练习。
动作四:在练习者倒立位时,高于脚上部,用布条将两环绳捆住作控环练习。

七、屈体前空翻下

要求腾空时身体重心不低于握点,身体的屈与展清晰。
训练方法:
(1)时间定位练习。腿的后摆高度与制动时间,低环练习中,教练员助力帮助使练习者明确当身体摆至握点水平面位置时,做制动腿、屈体、放手的时间定位练习。
(2)翻转控的练习。结合弹板、弹网作屈体前空翻的屈与展,翻转控的练习。

第四节 双杠学练

双杠是由摆动、摆越、滚翻、弧形、回环、空翻和转体等动力性动作和倒立、平衡等静力性练习所组成的一项体操运动。通过双杠练习,可以增进上肢、肩带及腰腹腔力量;提高空间定向和平衡能力;培养顽强、果断和坚韧不拔的精神。

一、杠端跳起成分腿坐

由杠端站立双手握两杠开始。两脚蹬地向上跳起,两手拉压杠成直臂支撑,与此同时两腿向前上方摆起,当摆至刚超出杠面时,立即分腿,并以大腿内侧沿杠向后滑至手前成分腿坐。要求成分腿坐时腿要有滑杠过程。

训练方法:
(1)支撑摆动成分腿坐。
(2)分腿坐前进。

二、后摆进杠前摆成外侧坐

由分腿坐开始。两手离杠向前挺镜,上体前倒,两臂伸直在体前稍远处撑杠。同时两腿伸直,用大腿内侧压杠并腿进杠前摆。当两腿前摆刚出杠面时,臀部右移。两腿从右杠外侧向后滑杠成外侧坐。要求外侧坐时,左腿屈膝,小腿后伸,右腿向后伸直。

训练方法:
(1)杠上分腿坐前进。
(2)在帮助下直接练习。

三、右外侧坐越两杠挺身下

由右外侧坐开始。两臂伸直,肩向左移并稍向后倒,利用压杠的反弹力,两腿迅速向左上方摆起,当两腿摆至接近最高点时制动摆腿。同时右手推离杠后换握左杠,左手推杠后侧举,挺身落地,要求两腿越杠时在空中有直角坐的过程。

训练方法:
(1)反复练习右外侧坐摆越两杆至左外侧坐练习。
(2)在帮助下直接练习。

四、肩倒立向前滚动成分腿坐

由肩倒立开始。慢慢收腹屈体低头,骨部向前移动,当臀部快靠近杠面时,两手由肩后换握杠前臂部下方,接着分腿下压,两手同时拉压杠,撑起成分腿坐。要求滚动时先换手,后做分腿压杠动作。

训练方法:
(1)在垫子上练习头手倒立向前滚动成分腿坐起。
(2)在帮助下直接练习。

五、后进杠前摆向内转体90度下

由分腿坐开始。两手离杠挺貌前倒,两臂伸直在体前稍远处撑杠,同时两腿伸直,用大腿内侧压杆并腿进杠,顺势向前上方摆起。当前摆接近最高点时,以脚尖向右前方"钻"出,并向内迅速扭转貌部,转体90度落地,同时两手扶杠。

训练方法:
(1)支撑摆动前摆下。
(2)支撑摆动前摆向内转体90度下。
(3)在帮助下直接练习。

第五节　单杠学练

单杠是以身体围绕杠轴做各种摆动、屈伸、回环、转体、腾跃、空翻和换握等动力性动作所组合的单个动作和成套动作。通过单杠练习可以增强上肢、肩带、躯干的肌肉力量和柔韧性；提高身体协调性和定向平衡能力；培养勇敢、顽强的意志品质。

一、跳上成支撑

正对低杠站立开始。两手正握杠，两腿稍屈，用力蹬地跳起，同时两臂拉压杠至支撑。要求直臂、顶肩、挺胸、立腰，两腿并拢伸直，两眼平视。

训练方法：直接练习。

二、右腿摆越成骑撑

由支撑开始，体重移至左臂（肘不能屈曲），右手推离杠，同时右腿向侧向前成弧形摆越过杠，右手再握杠挺身成骑撑。要求摆越时有明显的单臂支撑过程。完成动作后，两腿伸直，前后分开约120度，用右腿根部触杠，挺身立腰。

训练方法：

(1)在低单杠上做推离右手和移体重的练习。

(2)在帮助下直接练习。

三、右腿骑撑，左腿向前摆越转体90度挺身下

由右腿在前骑撑开始。右手换成反握杠，体重移至右臂，以右臂为轴，随着身体向右转动，左手推离杠，左腿向前摆过杠，同时右腿压离杠，上体向右转体90度并腿挺身下，要求转体时，充分展体后再落地。

训练方法：
(1)在鞍马或横跳马上做骑撑，后腿向前摆越转体90度挺身下。
(2)在帮助下直接进行练习。

四、单腿蹬地翻身上成支撑

由屈臂正握杠开始。左脚向前一步踏地，右腿经前向后上方摆起，左腿蹬地后迅速向右腿并拢，同时倒肩屈臂引体，使腹部靠杠并向上转动，当上体翻至杠前水平部位时，制动两腿，抬头翻腕，两臂伸直撑杠成支撑。要求完成动作时，抬头翻腕与制动双腿配合好。

训练方法：
(1)踏在杠前体操凳或跳箱盖上做翻身上。
(2)在帮助下直接练习。

五、右腿骑撑左腿向前摆越转体180度成支撑

由右腿在前骑撑开始。右手靠近右大腿反握杠，体重移至右臂并向右稍后倒肩。随着身体向右后方转动，左手离杠，左腿向前摆越过杠，同时右腿外侧以右臂支撑为轴向右滚杠转体180度，左手再握杠成支撑。要求摆腿和转体时，始终保持挺身和右大腿贴杠。

训练方法：
(1)骑撑前腿脚踏在跳箱或体操凳上做转体练习。
(2)在帮助下直接练习。

六、后摆转体90度挺身下

由支撑开始。两腿向前预摆，同时两肩前送，借杠轴的反弹力，使整个身体向后上方摆起。在后摆快到最高点时，右手用力推离杠，同时向右转体90度挺身落地。要求后摆时，两手撑杠要伸直，不要急于做转体动作。

训练方法：
(1)反复做支撑后摆练习。
(2)低杠上做支撑后摆下。
(3)在帮助下直接练习。

第六节　跳马学练

跳马动作是由用木马训练骑术演变而来。如跨上跨下的动作演变为鞍马的单腿摆越;跳上跳下的动作发展为跳马运动。高难动作包括以下几种。

(1)王惠莹转体:前手翻直体前空翻转体180度。

(2)程菲跳:跳马"独门绝技",全名是"踺子后手翻转体180度接前直空翻540度"。

(3)楼云跳:前手翻直体前空翻转体540度。

(4)卢裕富跳:侧手翻转体90度屈体后空翻两周。

(5)李小鹏跳。踺子后手翻转体180度直体前空翻转体900度。

本节以男子跳马为例介绍跳马的基本技术训练方法。

一、水平类动作

助跑最后一步的速度要快。上板要低而快,踏跳短促有力,在两腿蹬伸的同时两臂向前上挥摆,摆至肩水平部位立即制动前伸,这样既能加强踏跳的支撑反作用力,又能增加下肢的运动速度,加快身体的翻转。踏跳结束时水平类动作的蹬离角一般来说较翻转型动作小,为73~79度(注:蹬离角是蹬离板瞬时身体重心至脚支点投影线与支点水平线前夹角,以下同)。

水平类动作第一腾空两腿的后摆既要快速又要有制动,摆腿的方向是后上方,脚摆过头的水平位置即可;在摆腿的同时两手积极主动撑马,肩角拉开147~157度;撑马一瞬间肩的位置离手较远,两臂与马水平面夹角为47~55度。

顶肩推手要迅猛有力,两手垂直向下"扒马",推手时间为0.11~0.15秒,推手特点是肩角缩小,推手同时两腿制动明显,髋关节微屈。推离马时肩的位置不能超过手支撑点的垂直面,推手后两腿继续制动,同时立上体,身体充分伸展,然后两腿前举准备落地。

训练方法:

(1)用3~5步助跑,踏跳后做两腿后摆扶马练习。要求手撑在肩前,身体拉开伸直,然后支撑落地。

(2)地上俯撑,脚蹬地两腿后摆,推手后成屈体站立。

(3)在上一练习的基础上,推离马挺身落地。开始练习时可加助力,保护者一手托练习者腹部,一手托腿,帮助运动员体会抬上体挺身动作。

(4)把摆腿和推手结合起来练习。用高垫子或马后放置高垫子(同马高),通过助跑和踏跳后两手撑马,两腿后摆(不宜过高),然后推手屈髋分腿或并腿站立在垫子上(开始可在助力下完成)。

(5)连续做俯卧撑推手击掌(脚的位置逐渐升高至肩平)。主要训练推手顶肩力量。

二、前手翻类动作

前手翻类动作发展很快,动作难度越来越大,助跑水平速度相应也要快一些,一般要求达到8米/秒~8.6米/秒。上板要快而有力,上板距离要适宜,要把身体重心蹬上去。踏跳要短促有力,踏跳时间为0.08~0.11秒,踏跳同时两臂迅速前摆,并尽快前伸扶马,蹬离角为74~82度。

踏跳后迅速向前上方摆腿,一直持续到推手阶段,脚的最大运动速度可达到13米/秒~15米/秒,特别是前手翻前空翻类动作,摆腿更为猛烈,身体呈反弓形。在摆腿的同时积极撑马,第一腾空时间要短,大约为0.22秒。第一腾空身体重心抛物线的运动方向是逐渐上升的。撑马时身体超过肩水平位置越高越好,推手要迅猛有力,垂直向下"扒马",川页势推手,既要防止肩关节"顶死",影响身体的翻转速度和水平速度;又要防止肩关节前冲,影响第二腾空的高度。推手时间很短,为0.18秒左右,推手同时制动腿不明显,身体变直,髋角减小,肩角增大,基本上在倒立部位结束推手,肩关节处于支点的垂直位置,推离角为90~98度(注:推离角是指推离马瞬间身体重心至支点投影线与马水平面后夹角(以下同)。

推手后第二腾空身体重心抛物线高度要比水平类动作高,重心最高点距离地面的高度可达到2.73~2.83米,甚至更高一些,这就为发展更多的高难复杂动作创造了有利条件。

训练方法：

(1)在弹网上做起跳迅速摆腿翻成手倒立的练习。主要体会快速摆腿→下翻成手倒立的空中概念，要求摆腿时身体尽量伸直。

(2)地上做手倒立推跳落在高 10～20 厘米的垫子上，训练顶肩推手的力量。

(3)在上一练习的基础上，跳高垫子或马后放置高垫子(同马高)，助跑踏跳后快速摆腿，两手撑垫子或撑马成手倒立，然后前滚翻，要求踏跳后身体翻成手倒立要快，要到位。

(4)马后放置高海绵垫(同马高)，助跑踏跳和推手后躺在海绵垫上(注意梗头身体直)。

(5)面向海绵坑放置踏跳板，助跑踏跳后做直体前空翻，训练后摆腿的速度和力量。

(6)马后放置高海绵垫(比马低)，助跑、踏跳和推手后站在海绵垫上，海绵垫可逐渐加高，甚至超过马的高度。

三、侧手翻类动作

踏跳后在加速摆腿的同时从头肩开始迅速转体 90 度(实际上在蹬离板瞬间已开始转体)，在 0.16～0.20 秒腾空时间内积极主动撑马，第一只手撑马时肘关节弯曲，肘关节角度为 70～90 度，这时身体位置高于肩水平。紧接着第二只手向前侧下方迅猛有力顶肩推手，注意顺势顶马，肩不要"顶死"，两手依次撑马，但间隔时间极短，间隔距离不宜过宽，整个推手时间较前手翻类动作长一些，一般为 0.18～0.26 秒。推手结束时身体在倒立位置或侧起倒立位置，推离角为 75～91 度。如果做琢原类动作，继续转体 90 度，两手几乎同时推离马。如果做笠松类动作，两手依次推离马，推离角较小。需要强调的是，推手后进入第二腾空，如果只做空翻，要注意立肩抬上体，同时兜腿，两臂向躯干靠拢，以加快身体的翻转速度；但如果在空翻的过程中还要加转体，那么就应该注意转体时机，通常来说，是在推离马立肩的瞬时开始转体的。

训练方法：

(1)先完成高垫子或纵跳马侧手翻动作，要求侧起倒立、撑马推手要快。

(2)在上一练习的基础上左侧手翻转体90度的动作。

(3)在上两个练习的基础上做侧手翻转体90度推手后站或躺在马后放置的高海绵垫上(海绵垫先低于马,然后逐渐高于马)。

(4)帮助下在海绵坑做完整动作,按照团身、屈体、直体后空翻及其转体动作的顺序进行训练。

第七节　高低杠学练

高低杠是女子体操项目之一。高低杠动作有各种屈伸、回环、绷杠、弹杠、腾越和空翻等。整套动作要求连贯,避免停顿和附加支撑。

一、反吊技术

(一)向后大回环转体360度成扭臂倒立

1. 技术动作

回环进入兜腿时开始转体,当身体上升到杠水平以上45度左右时,以左臂为支撑,右手离开杠向左转体180度成右手正握,左手反握手倒立,身体总重心立即向右移动以右臂为支撑左手推离杠继续转体180度,左手立即内旋扭臂握杠成扭臂倒立。此动作所连接的反吊大回环需要改变运动的方向,所以转体成扭臂倒立时身体总重心不能越过杠上垂直部位。

2. 训练方法

(1)在一根低倒立架上由教练员或同伴扶持做手倒立,以左臂为支撑肩向后转体180度成右手正握、左手反握手倒立。

(2)左手反握、右手正握,以右臂为支撑转体180度成扭臂倒立。

(3)将以上两个动作连接起来进行练习。

(4)在教练员或同伴的帮助下做向后大回环转体180度成右手正握、左手反握手倒立。

(5)在高杠上独立完成完整动作的练习。

(二)向前大回环转体360度成扭臂倒立

1. 技术动作

向前大回环至接近倒立时重心移向左臂,右手离杠立即贴近腹部,同时梗头并靠近左臂,眼下看,并以左臂为支撑向左转体,转体接近360度时右手立即内旋扭臂撑杠成扭臂握倒立。

2. 训练方法

(1)在低倒立架上扶持下做手倒立转体180度成手倒立。

(2)在低倒立架上扶持下做手倒立以左手为支撑、右手贴腹转体180度成以左手支撑的单臂倒立。

(3)方法同上,继续转至270度,运动员仍然保持左臂支撑、右手贴腹的姿势。

(4)方法同上,转体360度。

(5)在高杠上,做向前大回环转体180度成以左手为支撑、右手贴腹的单臂倒立。

(6)方法同上,转至270度,运动员仍然保持左臂支撑、右手贴腹姿势。

(7)在高杠上,做向前大回环转体360度成扭臂倒立。

(三)反吊大回环

1. 技术动作

从半转肩的扭臂倒立开始,顶直身体前倒,下落至杠水平部位时充分顶直肩做收髋动作使双脚越过低杠,到杠下垂直部位时尽量沉肩,并保持收髋。整个身体摆过杠下垂直部位以后开始做强有力的甩腿动作。身体后摆至杠水平以上后迅速制动腿,同时提臀、翻腕成扭臂屈体倒立,然后伸髋成扭臂倒立。需要注意的是,运动员在整个回环过程中应始终保持半转肩状态,这样不仅能保证动作的规范性,同时还能避免不必要的运动损伤。

2. 训练方法

(1)做扭臂悬垂摆动练习。
(2)在长倒立架上扭臂支撑,双脚蹬地提倒立前倒躺垫。
(3)扭臂握屈体倒立伸髋成扭臂握倒立,可在教练员或同伴的帮助下反复进行练习。
(4)俯卧垫上扭臂握杠(倒立架),在助力下体会摆腿、提臀、翻腕成扭臂屈体倒立动作。
(5)在教练员或同伴的帮助下做反吊大回环练习。

(四)反吊大回环向后转体 180 度成手倒立

1. 技术动作

反吊大回环后摆、提臀成屈体扭臂支撑瞬间立即伸髋,当身体伸直接近倒立部位时头迅速靠近支撑臂,充分利用向上伸髋的速度向左移动重心,同时右手推离杠向左,经左臂支撑转体 180 度成手倒立。

2. 训练方法

(1)在长倒立架上帮助下做扭臂倒立移动转成左手支撑的单臂倒立。
(2)方法同上,转体 180 度成手倒立。
(3)扭臂支撑双脚蹬地提倒立,伸髋转体 180 度成手倒立。
(4)在教练员或同伴的帮助下在高杠上做反吊大回环肩向后转体 180 度成手倒立练习。

(五)反吊大回环跳转180度成手倒立

1. 技术动作

运动员做反吊大回环后摆接近倒立部位时双手离杠,同时头向转体方向扭动。眼向左看杠,左手跳换成反握,右手贴近腹部,以左臂为支撑转体180度,右手迅速撑杠。

2. 训练方法

(1)反吊大回环后摆上换成正握手倒立。
(2)反吊大回环后摆上换成反握手倒立。
(3)反吊大回环后摆上换成反握手倒立转体180度。
(4)反吊大回环后摆上换成左手反握杠、右手贴腹的单臂倒立。
(5)同上,做单臂支撑转体180度成手倒立。

(六)反吊前空翻再握

1. 技术动作

运动员要想顺利完成这一动作,需要不断加快反吊大回环的速度,当身体从倒立部位前倒时顶直肩稍挺髋以加快身体运动速度,身体下落至杠水平时保持顶直肩,收髋,有利于双腿过低杠;下摆至垂直部位时充分沉肩,保持收髋;身体下摆过杠下垂直部位后,开始向后上方做强有力的甩腿动作;双腿摆过杠水平面以上约30度时迅速制动腿,两臂顶住杠子提臀,同时双手离杠,上体主动靠向下肢,使身体在杠后上方翻转一周,身体还未下落前,含胸,双手主动抓杠伸髋下摆。

2. 训练方法

(1)杠上做反吊回环练习。
(2)在教练员或同伴的帮助下做杠上反吊前空翻练习。

(七)反吊团身前空翻两周下

1. 技术动作

反吊团身前空翻两周下的鞭打振浪技术与反吊前空翻不同之处是甩腿后顶开身体后摆,摆腿方向是杠子的后上方,当双腿摆过杠后水平部位以上后脱手离杠,提臀同时屈髋,上体迅速靠近下肢,双手抱住小腿,团身要紧,使身体在空中快速翻转两周至上体接近垂直部位时伸髋伸腿落地。

2. 训练方法

(1)反吊大回环后摆上换成正握手倒立(提高后摆速度)。
(2)反吊大回环振浪鞭打后摆,顶开肩脱手,使身体向后上方腾起,然后落于海绵坑上成俯卧姿势。
(3)反吊前空翻一周下(体会鞭打做空翻动作的脱手时间和空翻技术)。
(4)反吊团身前空翻两周下完整技术练习。

二、大回环

(一)向后大回环

1. 技术动作

向后大回环在 20 世纪 80 年代初是高低杠上的高难度动作,而现在也是非常重要的基本动作,很多高难度动作需要用它来连接,向后大回环质量的好坏直接影响到高低杠技术的进一步提高,为此,在女子高低杠的基础训练中它是必须重点抓好的动作之一。

2. 训练方法

(1)加强速度练习。做大回环练习时,在倒立部位不能停顿,肩、胸、髋、脚尖充分顶直,不能出现挺胸、挺腹、抬头等动作。

(2)振浪鞭打动作练习,练习时要充分而合理地利用髋关节的屈伸和兜腿等动作促使大回环产生加速度以提高空翻腾越的高度和速度。

(3)在杠下垂直部位要充分沉肩,利用沉肩动作增大杠子向下变形的弯度,有利于充分利用杠子变形后产生的弹性势能(反弹力)来提高所连接的空翻腾越动作的高度。

(二)向前大回环

1. 技术动作

向前大回环是高低杠技术中一个非常重要的基本动作,运动员众多高难技术动作的完成都需要此技术来衔接,可以说运动员向前大回环技术的高低直接影响着其他技术的进一步发展。向前大回环的规格质量与向后大回环相同:即速度要快,要有沉肩和振浪鞭打技术,这种振浪鞭打技术与向后大回环相反,是伸、屈、甩腿动作。

2. 训练方法

训练方法与向后大回环相同。

三、屈伸动作

(一)分腿支撑后(前)回环

1. 技术动作

分腿支撑回环动作最常见的是正掏和反掏,在20世纪70年代后期至80年代初期,国内外有许多运动员在比赛中采用正掏和反掏技术,自从国际体操评分规则把这些动作降为 B 组难度后,使用这种类型动作的人数就越来越少了。但是利用正、反掏动作也可以拓展出一些高难度的动作。

2. 训练方法

(1)在教练员的帮助下做分腿腾跃动作练习,练习时要注意动作的准确性。

(2)做后滚翻动作练习,体会动作要领。

(3)反复练习迅速上翻成支撑的动作,教练员可做集体或个别指导。

(二)正掏倒立转体 360 度

1. 技术动作

这个动作从正握手倒立开始,当整个身体后倒处于失重状态时,顶直肩收髋后倒,并在后倒过程中分腿屈髋,当下落至杠下垂直部位时屈体达到最大限度,两腿尽量超过上体以储备伸髋的最大能量,当身体越过杠下垂直部位后接近杠前水平部位时,以最大的速度迅速伸髋,与此同时顶开肩并以左臂为轴转体 180 度成反握手倒立。紧接着利用转体惯性以右臂为轴继续转体 360 度成手倒立。

2. 训练方法

(1)在杠上反复做手倒立动作,身体姿势要舒展,充分体会技术动作。
(2)在教练员的帮助和指导下做完整练习。

(三)反掏倒立转体 360 度成扭臂悬垂

1. 技术动作

这个动作从反握手倒立开始,尽量顶直身体前倒,当身体处于失重状态时,开始分腿屈髋,随着身体前倒迅速减少屈体角度,当身体下落至杠下垂直部位时,屈体达到最大限度,两腿向上身下压并越过躯干,身体后摆接近杠后水平部位时压肩、提臀,当身体总重心上升至杠水平面以上开始伸髋并腿,与此同时将身体重心移至左臂,右手离杠贴腹,以左臂为支撑迅速转体,当转体接近360度时右手内旋握杠成扭臂悬垂。

2. 训练方法

训练方法与正掏倒立转体360度基本相同。

第八节　平衡木学练

通常,一套平衡木动作是由教练和运动员编排而成的。在编排上没有什么特别的限制,但是运动员必须完成一些规定动作。这些动作包括360度转体,一个分腿180度跳,向前和向后移动等。运动员还必须完成一个"飞行组合",两个或更多连续的技巧动作的组合和"综合组合",两个或更多连续的舞蹈动作和技巧动作的组合。

随着运动员技术水平的不断提高,平衡木的难度动作发展得也越来越快,如空翻挂串、体操和技巧动作挂串、跳步挂串等都属于难度很高的技术,这些高难技术对运动员完成的准确度要求非常高。因此,运动员要想掌握好这些技术,除了必须具备扎实的基本功外,还要掌握各种技术动作的类型,并且还要重视各技术动作前后连接的技术。

平衡木的技术动作主要有:踺子、后手翻、前手翻、团身后空翻、挺身前空翻、侧空翻以及各种跳步等。教练员可根据运动员自身特点进行有目的的选择和训练。下面重点讲解一下基本技术及训练。

一、跳步

以前后交换腿劈叉跳为例来详细分析下跳步的基本动作及训练方法。

(一)技术动作

(1)右腿站立,左腿前举,两臂侧平举。
(2)左腿经前举45度向前跑两步,接着左腿快速向前上方踢起,同时右腿蹬木向上跳起,两臂前后自然摆动,向前跑动时要求立髋、立肩、脚踩实。

(3)起跳腾空时立髋、立肩,两腿快速交换向前后摆动,空中两腿开度180度,两臂前后自然摆至左臂前平举,右臂侧平举。

(4)右腿主动踏木,同时立肩、立髋、举后腿。

(二)训练方法

(1)原地右腿站立,做左腿前后摆动(前后踢腿)。

(2)先在地上训练,当运动员正确掌握技术后,逐步进入低木或高木的训练。

二、趋步踺子

(一)技术动作

(1)起步时,身体重心主动前移,两臂自然前后摆动。

(2)趋步蹬起时,肩正、梗头、收腹、立髋。

(3)含胸主动下手支撑,同时快速摆腿(双手扶木方法:先支撑的手内转,横木支撑,第二只手纵木支撑手指尖对着前面一只手,两手距离不宜太大)。

(4)蹬地腿主动蹬地后迅速与摆动腿并拢,同时转体180度。整个动作过程要求经过手倒立。

(5)梗头推手立肩、提气、收小腹、立髋,两腿夹紧以前脚掌主动落木。

(二)训练方法

(1)在低木上反复练习趋步技术。

(2)在低木端进行下手支撑阶段的慢动作训练。运动员原地站立,做下手支撑蹬摆转体180度成倒立,教练员在手倒立阶段帮助运动员正确地找好倒立位置,然后双手扶腿放置地面或垫子上。

(3)在低木上做原地或助跑趋步踺子。手支撑在木端,脚落在垫子上。要求运动员能正确地把下手支撑阶段的技术充分表现出来,同时进一步强调和加大蹬摆腿动作的速度。

(4)在低木上进行完整的趋步踺子起跳训练。要求运动员两脚落木后立即起跳。教练员可站在木端前,当运动员起跳时,用手扶住运动员的腰部向上托起。

(5)在高木上进一步强化起步技术和踺子推手站立技术。为有利于运动员克服胆怯心理,保持技术的正确性,可在高木前放置海绵包(同木高)。

(6)高木助跑趋步踺子蹦起,落在木端前的海绵包上。运动员做此动作要有水平速度和充分的腾空动作。

(7)当运动员掌握了趋步和踺子技术后,再进行下一步的空翻下练习。

三、后手翻

(一)技术动作

(1)梗头、立肩、双膝自然弯曲半蹲,两臂同时下摆至体后,身体重心向后移动。

(2)梗头甩臂、倒肩、顶髋蹬跳。

(3)含胸,梗头支撑,髋关节充分打开,经短暂的背弓手倒立(撑扶木时两手可前后分开半个手左右的距离)。

(4)推手、立髋、立肩、提气站立。

(二)训练方法

(1)在海绵包上练习半蹲、蹬跳、仰卧、躺包,体会向后移动身体重心以及蹬跳甩臂技术。

(2)在教练员或同伴的帮助下,做蹬跳向后成手倒立。体会正确的背弓手倒立位置。

(3)在教练员或同伴的帮助下完成后手翻动作,至独立完成。

(4)在教练员帮助下做低木练习。要求运动员掌握正确的支撑位置:双手前后支撑,切不可以双手重叠支撑,因这种支撑方法支撑面较窄,易造成动作的稳定性差,且推手无力。

(5)当运动员后手翻技术较稳定时可低木和高木交替训练。

四、直体后空翻

(一)技术动作

运动员起跳必须充分,梗头、含胸,快速拎臂后压臂,同时挑髋。身体始终保持直体,可稍有一点背弓。当身体过垂线后必须快速立肩、立上身、两脚主动踩木。

(二)训练方法

(1)在教练员的保护下,从助跳板上跳起直体仰卧躺在高海绵包上。体会原地起跳拎臂后快速压臂同时挑髋的感觉与要领。

(2)在教练保护下,从助跳板上做完整的直体后空翻落在垫子上成站立。

(3)用上述的训练方法在低木木端练习(在木端放置与低木同高的垫子)。

(4)在低木完成用踺子或后手翻连接的直体后空翻。踺子或后手翻落在木端,直体后空翻落在垫子上。

(5)在低木完成完整的踺子或后手翻连接的直体后空翻。

(6)完成以上练习后,再移到高木上去进行。为减少运动员的恐惧心理,可先采用与在低木上一样的训练方法。有条件可把垫子放得与木同高,待熟练后再撤。

五、挺身前空翻

(一)技术动作

(1)一腿站立,另一腿伸直前点,两臂侧平举。

(2)梗头、立肩,身体重心移至摆动腿,蹬地腿前举,并上前一步主动踏地成半蹲,后腿自然弯曲,两臂经体侧至上举。

(3)梗头、含胸,肩迅速下压与蹬地腿折叠,两臂继续向下至后摆,同时摆动腿充分后摆。

(4)蹬木、起跳、空中抬头、挑腰、两腿充分打开。两臂绕至斜上举。落地后支撑腿主动立髋、立腰,前腿经前上方迅速与支撑腿并拢,提气、收小腹、吸紧后背、两臂斜后举站立。

(二)训练方法

(1)分解练习:左腿在前、右腿在后,经半蹲,肩迅速下压与前腿折叠,两手撑地,前腿蹬直踩地,后腿摆至180度。
(2)在教练员帮助下做完整的挺身前空翻。
(3)在独立从高处往低处做挺身前空翻。
(4)在平地上练习完整动作,独立完成。
(5)在低木上练习。
(6)在高木上练习。

第七章 艺术体操学练指导

一般性艺术体操的主要任务是锻炼身体,增进健康,培养良好的身体姿态,树立正确的审美观点。一般性艺术体操不受年龄、人数、场地、时间、器械等条件的限制,适宜在大、中、小学校广泛开展。竞技性艺术体操除了包括上述任务外,其主要任务是以竞技为主,动作更加优美精确、难度大、技巧性强、整体要求高,正规比赛只采用绳、圈、球、火棒、彩带五种器械进行比赛,分团体和个人赛,并受场地、时间、人数、器械等特定条件的限制。本章主要对艺术体操的基本动作以及纱巾操、带操等轻器械艺术体操进行介绍。

第一节 艺术体操基本动作学练

进行艺术体操徒手基本练习,首先要有明确的方向概念。身体的方位,一般以练习者自身为基点,以身体面对教师的方向为正前方,每向右转45度为一个方向,共分为8个方向。为了记述方便,用1~8八个数字来表示八个方向,称为1点、2点……8点。

一、基本姿态

(一)站立的基本姿态

头要正直,两肩下沉,挺胸,收腹立腰,臀部和两腿肌肉收紧,眼前视,手臂自然下垂。

（二）基本要求

要求两腿肌肉收紧，膝盖绷直，大腿外旋，脚外展，全脚掌着地，重心在两脚上。

（三）手的基本姿态

艺术体操一般采用芭蕾舞手型。要求肩放松，肘、腕自然微屈，手臂呈弧形，手指并拢，自然伸直，拇指与中指稍向里合。

二、基本位置及练习方法

（一）脚的基本位置及练习方法

（1）芭蕾舞脚的基本位置（五位）：

一位：身对一点，两脚跟靠拢，脚尖各向两侧，右脚在左脚前，重心在两脚上，两腿肌肉收紧，腿伸直，眼看一点。

二位：两脚开立，两脚跟相距一脚，脚尖各向两侧，两脚一横线，重心在两脚中间。

三位：两脚平行，脚尖各向两侧，前脚跟紧贴在后脚内侧脚弓处。

四位：两脚前后平行，前后相距一脚，脚尖各向两侧，重心在两脚中间。

五位：两脚前后平行相叠，脚尖各向两侧，两脚伸直夹紧。

（2）技术重点：髋、膝关节充分外展，身体重心平均在两脚上。

（3）练习方法：

①双手扶把或扶同伴站立，进行各脚位练习，以帮助控制身体重心及体会正确身体姿态。

②单手扶把或扶同伴站立，进行各脚位练习，保持正确身体姿态。

③离把练习，配合简单手位，做各脚位的提踵练习注意事项。

④两脚外开千万不能用强力达到，应根据学生的个体差异，区别对待。

⑤练习可以从120度左右开始，待髋关节外旋具备条件时逐步加大。

(4)古典舞常用脚位:

正步(并立):两脚并拢,脚尖向前。

八字步(自然位):脚跟相靠,两脚尖向前方成"八"字形。

大八字步(开立):两脚侧开,相距约同肩宽,脚尖各向斜前方。

丁字步:一脚跟在另一脚弓处成"丁"字形。

(二)臂的基本位置及练习方法

(1)芭蕾舞手臂位置:

一位:两臂弧形自然下垂于体前,指尖相对,掌心稍向内。

二位:两臂保持弧形平伸(稍低于肩),掌心向内。

三位:两臂保持弧形上举(稍偏前),掌心向内下方。

四位:一臂上举,一臂前伸。

五位:一臂上举,一臂侧举。

六位:一臂前举,一臂侧举。

七位:两臂侧举,掌心向前方。

(2)常用手臂的基本位置为两臂同方向举:

前上举:以大臂带动肘,小臂抬起至前上方,掌心向下。

前下举:以大臂带动肘,两臂举至前下方。

侧上举:以大臂带动肘,两臂位置在侧上举45度,掌心向内或掌心向外均可,后斜下举:以大臂带动肘,两臂位置在后下45度,掌心向内或向上。

两臂不同方向的举:一臂前举,另一臂前伸。

一臂前上举,另一臂后下举。一臂侧上举,另一臂侧下举。一臂后上举,另一臂前下举。

(3)练习方法:

①先分别进行各种手臂位置练习。

②基本掌握后,可连贯进行练习。

③结合不同身体姿势及变换各种手臂位置,进行组合练习。

(三)头的基本位置及练习方法

常用的基本头位有以下10种:正头、仰头、低头、转头、偏头、偏转头、低转头、仰转头、偏仰转头、偏低转头。

练习方法:在原地先进行单个头位练习的基础上,再进行头位组合练习。

三、基本步法及练习方法

(一)柔软步

柔软步由自然站立开始,左腿膝盖和脚面绷直向前伸出,脚面向外,由脚尖过渡到全脚掌落地,身体重心随着前移,右脚同左脚,两腿依次交替进行,两臂自然前后摆动。

技术要点:摆动腿向前伸出由脚尖过渡到全脚掌落地,重心前移,收腹立腰,眼平视。

练习方法:

(1)两手叉腰练习慢动作(两拍一动),掌握动作要领后可加快速度(一拍一动)练习。

(2)配合两臂前后直臂摆动进行完整练习。

(3)配合不同手臂动作变化进行完整练习。

(二)足尖步

足尖步由两脚并立提踵,双手叉腰开始,左腿膝盖和脚面绷直向前伸出(脚尖稍向外),由脚尖过渡到前脚掌落地,重心前移,两腿交替进行。

技术要点:步幅均匀,不宜过大,支撑腿脚踝充分向上。

练习方法:

(1)先双手扶把进行两脚提踵练习,后过渡到单手扶把练习。

(2)双手叉腰练习,节奏由慢到快。

(3)正确掌握动作以后,可配合不同手臂动作变化进行练习。

(三)柔软步跑

柔软步跑由自然站立开始,在自然跑步的基础上,要求摆动腿稍经腾空自然向前伸出,脚面绷直,用前脚掌柔和落地,重心前移,两腿交替进行,跑时两臂自然前后摆动。

技术要点:摆动腿自然前伸,步幅适中。

练习方法:

(1)先进行自然跑的基础练习。

(2)在基础练习中与柔软步交替练习。

(3)熟练掌握技术后,可配合手臂动作变化进行练习。

(四)跑跳步(以左脚为例)

跑跳步由自然站立,两手叉腰开始。

节前一右脚原地轻跳,同时左脚屈膝抬起,脚面绷直,脚尖向下。

(1)左脚落地,随即原地轻跳,同时右腿屈膝抬起。

(2)动作同上,换右腿做。

技术要点:屈膝腿不宜过高,向下落地要快。

练习方法:

(1)先分解练习,再过渡到完整练习。

(2)先练习向前跑跳步,再练习后退、向侧及转体的跑跳步(练习后退跑跳步时,注意屈膝腿的膝盖向侧)。

(3)结合不同手臂的动作及组合进行练习。

(五)变换步(以左脚为例)

普通变换步:由自然站立,两臂侧举开始。

(1)上半拍,左脚向前做一次柔软步,下半拍右腿与左腿并成自然位,同时两臂成一位。

(2)左脚向前做一次柔软步,重心前移,右脚伸直后点地,脚面绷直向外,同时右臂前举,左臂侧举。

技术要点:收腹立腰,上体正直,后腿伸直点地,且膝与脚外旋。

练习方法:

(1)两手叉腰开始做慢动作练习,体会重心的移动及节拍。

(2)基本掌握后,可配合两臂侧平举,经一位至一臂前举,一臂侧举,或结合其他手臂动作练习。

(六)弹簧步(以左脚为例)

普通弹簧步:由两脚并立提踵,两手叉腰开始。
(1)左脚向前一步,同时稍屈膝半蹲,重心移至左脚。
(2)左脚伸直提踵,同时右脚向前下伸,膝与脚面绷直。
技术要点:出脚时,由前脚掌过渡到全脚掌柔和落地,提踵时依次充分伸直膝、踝,步幅均匀,不宜过大。
练习方法:
(1)在掌握了柔软步和足尖步的基础上练习弹簧步。
(2)单手扶把做慢动作,体会完整的技术要点。
(3)离把练习,两手叉腰或配合两臂自然前后摆动练习。

(七)波尔卡步

波尔卡步一般有直膝和屈膝波尔卡步,可做向前、后、侧及转体的练习。以向前直膝波尔卡步为例。
由自然站立,两手叉腰开始。
节前一左腿小跳,同时右腿伸直向前下举。
(1)右脚向前落地,左脚并于右脚,同时两臂在两侧前下举,手心向上,上体稍右转。
(2)右脚向前落地,两臂保持侧下举,接着右腿小跳,同时左腿伸直前下举。
技术要点:小跳后的并步跳要快而连贯,重心要随着前移。
练习方法:
(1)先掌握节前一腿小跳,另一腿前下举动作。
(2)两手叉腰由慢至快练习,以掌握动作节奏。
(3)熟练掌握后,可配合各种不同手臂练习。

(八)华尔兹步(以左脚为例)

华尔兹步动作变化形式多样,可做向前、向后、向侧、转体及跑的练习。该舞步以三拍完成,可采用3/4节的华尔兹舞曲。

向前华尔兹步:由两脚并立提踵,两臂侧举开始。
(1)左脚向前做一次柔软步,落地稍屈膝,重心随之前移。
(2)右脚向前做一次足尖步。
(3)左脚向前做一次足尖步。
在三拍动作过程中,配合左臂做一次波浪。
技术要点:三步的步幅均等,动作起伏自然、连贯。
后退华尔兹步:动作同向前华尔兹步,向后退时,第一步可稍大一些,身体可随之稍转动,同时两臂配合前后平摆。
练习方法:
(1)两手叉腰用慢速度练习,体会三步的协调连贯。
(2)基本掌握后,可配合手臂波浪或其他手臂动作练习。

(九)踏跳步(以左脚为例)

踏跳步是由两拍完成的舞步,包括直膝的、屈膝的及转体的不同变化。
后举腿踏跳步:
(1)两手叉腰练习各种踏跳步的基本动作,然后配合前进、后退或转体。
(2)熟练掌握后,可配合手臂动作及舞步组合练习。

四、波浪及练习方法

波浪是身体各关节按顺序依次做柔和的屈伸动作,它包括手臂波浪和身体波浪,可向前、后、侧进行,动作可大可小。

(一)手臂波浪

手臂波浪是以臂部各关节按顺序依次做柔和的屈伸动作。
预备姿势:自然站立,两臂侧举。
动作过程:以肩带动肘、腕稍屈,手指放松下垂,接着肩稍向下压,肘、腕、指各关节依次伸直至侧举。
技术要点:由肩部开始发力,使肘、腕、指各关节由屈至伸,形成依次连贯的推移运动,且动作圆滑、连贯、柔和。

练习方法：
(1)原地练习单臂波浪,再做双臂波浪。
(2)结合舞步与身体动作,变换不同部位及不同节奏练习。

(二)身体波浪

身体波浪一般有躯干波浪和全身波浪两种。全身波浪有向前、向后、向侧波浪。

(1)身体前波浪。

预备姿势：两脚并立半蹲,上体前屈,含胸低头,两臂头上举。

动作过程：由踝开始,经膝、镜、腰、胸、颈各关节依次向前上方伸展,同时两臂经下向后绕至上举成抬头挺胸提踵立姿势。

(2)身体后波浪。

预备姿势：挺身提踵立,两臂上举。

动作过程：从膝开始,经貌、腰、胸、颈各关节依次向前弯曲,至低头含胸使背成弓形,同时两臂经后下绕至前举。

技术要点：所有前、后波浪必须是参加运动的身体各关节按顺序依次地进行弯曲和伸展,使波峰由下而上推移,且动作连贯、柔和、圆滑。

练习方法：

①单手扶把做慢动作,体会前、后波浪对身体各关节运动顺序及重心的控制。

②离把进行完整练习,动作幅度由小逐渐加大。

(3)身体侧波浪(以向左侧波浪为例)。

预备姿势：右脚站立,左脚侧点地,两臂上举,身体稍向左侧屈。

动作过程：右腿稍屈,经两腿半蹲,向左侧移重心的同时,膝、貌、腰、胸、颈各关节依次向左侧上方延伸,成左腿站立,右脚侧点地,上体稍向右侧屈,同时两臂随重心经下摆至左上举。

技术要点：膝、貌、腰、胸、颈各关节按顺序依次向侧上方充分伸展,动作圆滑、连贯、幅度大。

练习方法：

①双手扶把练习向左、右侧波浪,体会各关节依次伸展及重心的移动。

②完整动作练习,配合各种手臂动作。

五、跳跃

跳跃是艺术体操中有较高难度技巧的动作。通过各种跳起动作,表现出身体轻盈高飘的特色。

(一)原地单脚小跳

由双脚站立开始,左脚蹬地跳起,左脚落地,右腿稍屈膝前举。

(二)踏跳步

左脚上步经屈膝跳起,右腿后举,同时左臂侧举,右臂前举。

(三)吸腿跳

左脚上步经屈膝跳起,右腿屈膝前举,同时左臂前上举,右臂后下举,向右拧身,看右前方。

(四)跨跳

助跑2～3步,左脚向前一步蹬地跳起,同时右腿伸直向前上方摆动跨出,左腿随即向后摆起,空中两腿绷直,前后分开。

跨跳在空中可以变换各种姿势,如前腿屈、后腿直的鹿跳。

技术要点:

(1)要有经稍屈膝做充分伸直膝、踝的快速有力的起跳,以助向上腾起,并使身体姿态在空中最高点有瞬间停住之感。

(2)落地时由前脚掌过渡到全脚掌,并稍屈膝缓冲,使身体重心投影落在支撑面内,使落地动作轻而稳定。

六、转体

转体类动作形式多样,一般用单脚或双脚支撑,绕垂直轴进行旋转。

根据旋转的周数确定动作的难易程度。转体形式有原地的、移动的和空中的。常包括:交叉转体180~360度;平转;单腿屈膝前举转体180度;单腿后举转体180~360度。

转体类动作是艺术体操中表现灵巧及具有高度技巧的主要内容。

(一)双脚转体180度

由自然站立开始,左脚向前一小步,双脚起踵向右转体180度,同时两臂经侧至上举。

(二)双脚转体360度

由自然站立开始,右脚向左脚左侧交叉一步,双脚起踵向左转体360度,同时两臂经侧至上举。

技术要点:
(1)收紧腰髋、身体正直,使身体纵轴垂直于地面旋转。
(2)配合摆臂、摆腿及甩头等动作来带动身体转动。
(3)主动腿充分伸直提踵。
(4)眼先视固定目标,头留住,接着迅速转头,眼再视目杯。

第二节 艺术体操难度动作训练

一、摆动、绕环组合

配曲:红梅花开。
预备姿势:站立开始,1—臂2位,2—臂7位。
音乐:3/4拍,中速(1小节为一拍)。
动作示例如图7-1所示。

(4) 5—6　　　7—　　　图7-1　　　8—

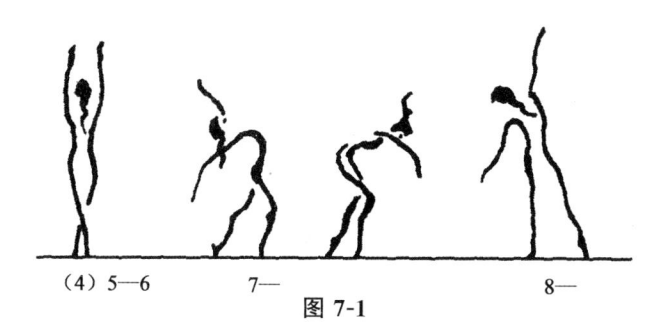

(1) 1—屈膝弹动1次,两臂前摆。

2—屈膝弹动1次,两臂侧摆。

3—4 屈膝弹动2次,右、左臂依次在体前经下向外绕环至侧举。

5—6 同1—2。

7—8 同3—4,右、左臂依次在体前经上向里绕环至侧举。

(2) 1—左脚向左一步,重心左移,两臂向里摆至体前屈臂交叉。

2—重心右移,两臂向外摆至侧举。

3—4 向左变换步成左脚支撑、右脚侧点,两臂经下向外绕环一周半后至体前屈臂交叉。

5—8 与1—4 相反。

(3) 1—左脚向前一步,重心前移,两臂经下后,右臂前摆左臂后摆。

2—重心后移,臂的动作与1—相反。

3—4 左脚向前变换步成左脚前、右脚后点,同时左、右臂分别前后绕环一周,成右臂前摆、左臂后摆。

5—8 与1—4 相反。

(4) 1—2 左脚开始向前2步,两臂在体侧进行"8"字绕环。

3—4 左脚开始后退2步,两臂在体前进行"8"字绕环。

5—6 左脚向左一步,右脚在左前交叉,向左并立转360°,臂3位。

7—右脚上一步屈膝,左脚后点,上体后波浪。

8—左脚向后一步,上体后侧屈。

二、直臂位置组合

预备姿势:站立。

音乐:4/4拍,中速。

(1)如图 7-2 所示。

1—4 两臂前下举;回原。

5—8 两臂前举;回原。

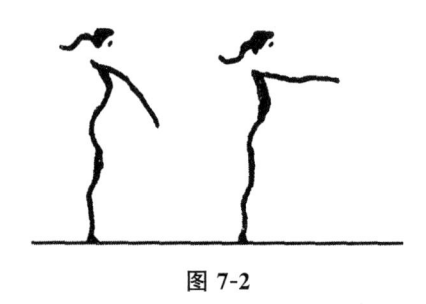

图 7-2

(2)如图 7-3 所示。

1—4 两臂侧下举;回原。

5—8 两臂侧举;回原。

图 7-3

(3)如图 7-4 所示。

1—4 左脚前点,同时右臂前举左臂侧举;回原。

5—8 与 1—4 相反。

图 7-4

第七章　艺术体操学练指导

（4）如图 7-5 所示。

1—4 左脚后点，同时右臂上举，左臂侧举；回原。

5—8 与 1—4 相反。

图 7-5

（5）如图 7-6 所示。

1—4 右脚向 2 点迈一步成右弓步，同时右臂斜前上举，左臂斜后下举；回原。

5—8 与 1—4 相反。

图 7-6

（6）如图 7-7 所示。

1—8 右脚向 6 点退一步成左弓步（面向 2 点），两臂向前上方举起；回原。

（7）1—8 与（6）相反。

图 7-7

(8) 如图 7-8 所示。

1—4 左脚向前一步,重心前移,同时两臂经前举至上举。

7—8 回原(脚收回,臂下垂)。

图 7-8

三、足尖步组合

预备姿势:起踵立,面向逆时针方向。

音乐:4/4 拍,中速,柔和连贯地。

动作方法:如图 7-9 所示,右脚开始足尖步,一拍一步,臂的动作如下。

(1) 1—4 两臂慢慢侧举→上举。

5—8 两臂从上举落至交叉前举并做臂波浪 2 次。

(2) 1—4 右臂在上的 5 位,向右后足尖步 4 次,自转 360°。

5—8 向前 4 次足尖步,5 位臂波浪 2 次。

(1) 1—4   5—8 (2) 1—4   5—8

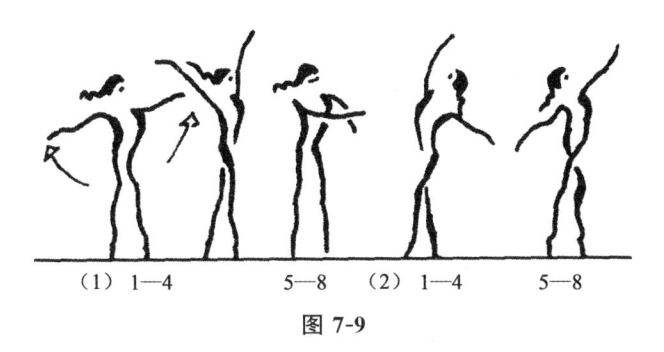

图 7-9

(3)如图 7-10 所示,1—4 上体向后波浪成含胸低头弓背,两臂经后绕至前举。

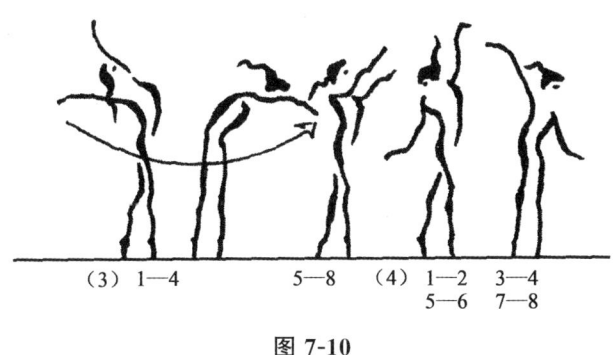

(3) 1—4   5—8 (4) 1—2 3—4
                    5—6 7—8

图 7-10

5—8 抬上体,两臂前上举,手臂波浪 2 次。
(4)1—8 两臂依次做体侧波浪 4 次(右、左、右、左)。

四、柔软步组合

预备:站立,面向逆时针方向。
音乐:4/4 拍或 2/4 拍,中速。
动作方法:脚走柔软步,右脚开始一拍一动,臂的动作如下:
(1)1—2 左臂前举,放下。
3—4 右臂侧举,放下。
5—8 两臂同时由右→上→左绕环一周至左臂前举,右臂侧举,第 8 拍放下。

(2)与(1)相反。

(3)1—8 脚走柔软步,向右后自转 360°,两臂由 1 位→2 位→3 位→7 位→1 位。

(4)1—4 两臂前摆、后摆。

5—8 两臂经下、前,向后大绕环一周后前摆,第 8 拍放下,脚立停。

五、弹簧步组合

预备姿势:起踵,两臂侧举。

音乐:2/4 拍,中速,富有弹性地。

(1)—(3)动作如图 7-11 所示,(4)—(8)动作如图 7-12 所示。

(1)1—4 右脚开始向前普通弹簧步 2 次,两臂前摆、后摆。

5—8 向前普通弹簧步 2 次,两臂经前向后大绕环一周至前举。

(2)1—4 右脚开始向前普通弹簧步 2 次,两臂后摆、前摆。

5—8 向前普通弹簧步 2 次,两臂经后向前大绕环一周至后举。

(3)1—4 右脚开始弹簧步侧举腿 2 次(后退),两臂体前交叉后向侧打开。

5—8 同 1—4。

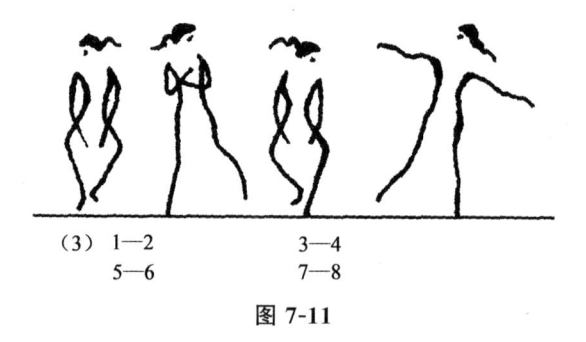

(3) 1—2   3—4
　　 5—6   7—8

图 7-11

(4)1—右脚在左脚前交叉柔软步屈膝,左脚离地屈膝,臂 4 位(左臂在上),上体右侧屈,头右转。

2—左脚前掌踏下直膝,右脚直膝离地,臂仍 4 位。

3—4 和 5—6 均同 1—2。

7—8 右脚原地侧弹簧步 1 次,臂 7 位。以上 8 拍正好向左自转 360°。

(5)同(3),但左脚开始做。

(6)同(4),但左脚在右脚前交叉开始做,向右自转360°。

(7)1—8 右脚开始做前举膝弹簧步2次。

(8)1—6 右脚开始向前举膝弹簧步跳3次。

7—8 左脚向前落下重心前移,右脚后点,臂前上举波浪1次。

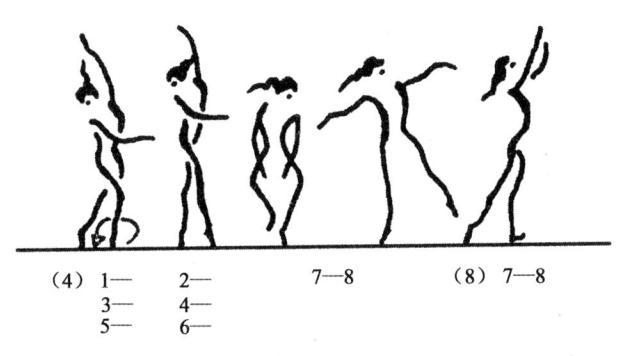

(4) 1— 2—
    3— 4—
    5— 6—   7—8   (8) 7—8

图 7-12

六、变换步组合

预备姿势:站立,面向逆时针方向。

1—臂从1位→2位。

2—臂从2位→7位。

音乐:2/4拍

(1)—(6)动作如图7-13所示,(7)—(8)动作如图7-14所示。

(1)1—8 左脚开始普通变换步4次。

(2)1—8 后退变换步前举腿4次。

(3)1—4 面向圆心做变换步后举腿2次。

5—6 左脚在右脚前交叉,向右并立转体180度,臂3位。

7—8 右脚上步重心前移,左脚后点地,臂由3位落至侧举。

(4)1—8 背向圆心做,同(3)。

(5)1—2 面向圆心,左脚开始向左侧变换步后举腿,臂由7位→6位。

3—4 右脚向右侧做变换步后举腿。

5—6 左脚向左侧做变换步吸右腿,左臂上举,右臂侧举。

7—8 与5—6相反。

(6)1—2 面向圆心,左脚开始做变换步前摆转体 180 度,臂侧举。

3—4 右脚向前一步经半蹲重心前移,左脚后点地,左臂侧举,右臂由侧举经 1 位→2 位→3 位。

图 7-13

(7)1—8 面向逆时针方向变换步跳 4 次。

(8)1—4 向前碎步小跑,躯干向后波浪同时两臂向后绕至前举。

5—6 右脚上步屈膝,左脚后点,弓身低头。

7—8 重心移至左脚,右脚在左脚左旁点地,上体后屈,臂侧举。

图 7-14

七、波尔卡组合

预备姿势:臂侧举站立,练习者成两横排。

音乐:波尔卡舞曲。

(1)—(4)动作如图 7-15 所示,(5)动作如图 7-16 所示,(6)动作如图 7-17 所示。

(1)1—8 右脚开始向前波尔卡 4 次,臂的动作为 1—2 和 5—6 两臂体前交叉,3—4 和 7—8 两臂向侧打开,手心向上。

(2)1—8 后退波尔卡 4 次,手叉腰从原路线返回。

(3)1—8 前点后点波尔卡 2 次,走成圆圈。

(4)同(3)。

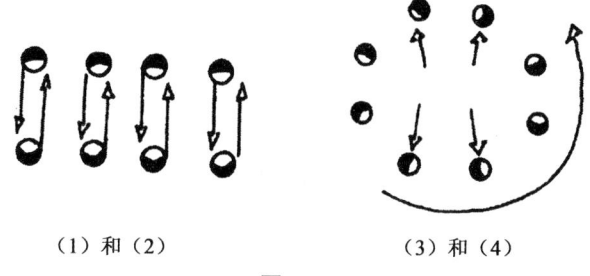

(1)和(2)　　　　(3)和(4)

图 7-15

(5)1—2 右转 90°,左肩对圆心,右脚小跳开始做侧波尔卡 1 个,左手叉腰,右臂侧上举,第 2 拍的后半拍时左转 180 度。

3—4 与 1—2 相反(右肩对圆心)。

5—8 右转 360 度,向圆外做 2 次侧进波尔卡。

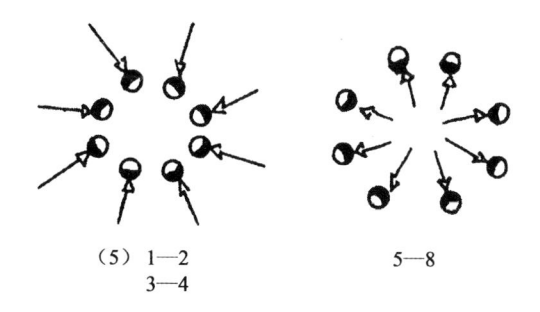

(5) 1—2　　　　5—8
　　 3—4

图 7-16

(6)1—6 向逆时针方向跑跳步 6 次,两臂自然摆动。

7—8 插秧步右、左、右,左手叉腰,右臂由体前经下掏至 3 位,上体由含胸低头到挺胸抬头。

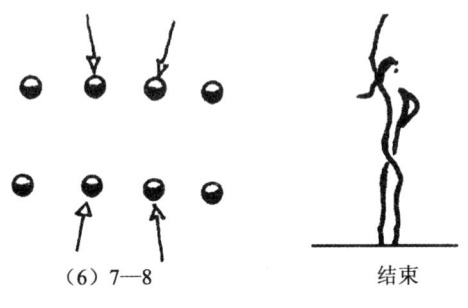

(6) 7—8　　　　　　　　结束

图 7-17

八、华尔兹组合

预备姿势:起踵 1—臂从 1 位→2 位。

2—臂从 2 位→7 位,面向逆时针方向。

音乐:3/4 拍,华尔兹乐曲(每小节音乐作 1 拍)。

(1)1—2 右脚开始向前华尔兹 2 次,左右臂依次由 7 位→1 位→2 位→3 位→7 位。

3—4 右脚开始向前华尔兹 2 次,右左臂依次向侧波浪。

5—8 同 1—4。

(2)如图 7-18 所示。

1—4 右脚开始后退华尔兹 4 次,两臂侧举。

5—面向圆心,右脚向右前华尔兹,两臂经下摆至右前上方,由低头含胸至抬头挺胸。

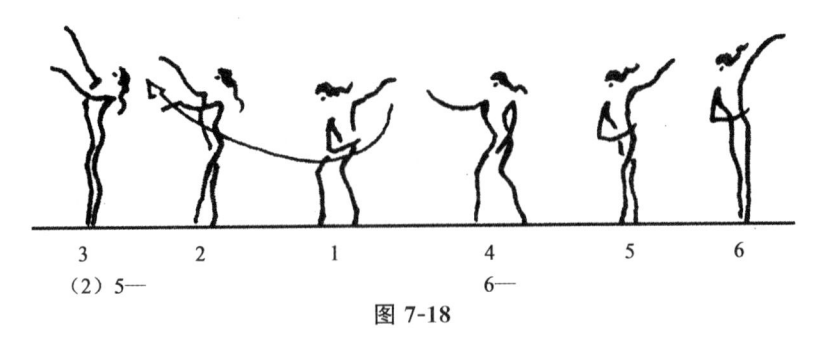

3　　2　　1　　4　　5　　6
(2) 5—　　　　　　6—

图 7-18

6—左脚向左后华尔兹,两臂摆至左后方。

7—8同5—6。

(3)如图7-19(3)所示。

1—同(2)5—。

2—左脚开始向右转身华尔兹180度,两臂由上落至左侧,上体向左侧屈,眼看左手。

3—4同1—2,但背向圆心。

5—8右脚开始做4次侧华尔兹,臂4位。

(4)如图7-19(4)所示。

1—6右脚开始向前华尔兹跳6次,两臂依次侧波浪6次(右、左、右、左、右、左)。

7—右、左、右向前小跑3步,同时右转360度,臂7位。

8—左腿半蹲,右腿屈膝后点地,臂4位,眼看左下方。

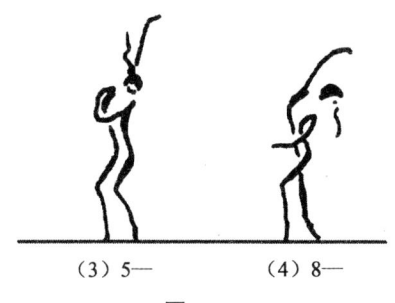

(3) 5—　　　　(4) 8—

图 7-19

九、波浪操

音乐:歌曲《真的好想你》。

(1)第1节:体侧手臂波浪(2×8拍)。

如图7-20所示。

(2)第2节:单臂摆动波浪(2×8拍)。

如图7-21所示。

(3)第3节:双臂交叉绕(2×8拍)。

如图7-22所示。

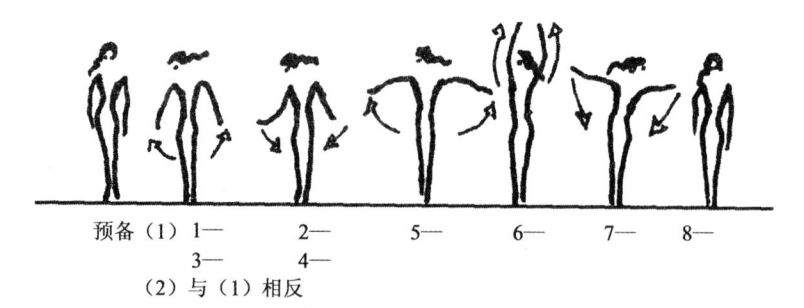

预备（1）1— 2— 5— 6— 7— 8—
　　　　3— 4—
（2）与（1）相反

图 7-20

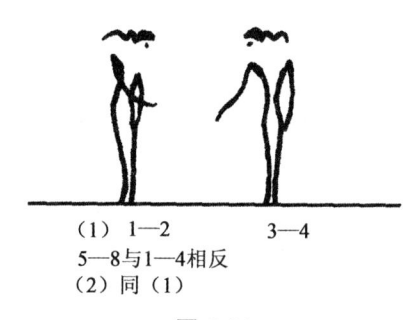

（1）1—2　　3—4
5—8与1—4相反
（2）同（1）

图 7-21

（1）　1— 2— 3— 4— 5— 6— 7— 8—
（2）与（1）相反

图 7-22

(4)第4节:前后摆臂身体波浪(2×8拍)。

如图 7-23 所示。

(5)第5节:左右摆臂身体波浪(2×8拍)。

如图 7-24 所示。

(6)第6节:依次摆臂身体波浪(2×8拍)。

如图 7-25 所示。

(1) 1— 2— 3— 4— 5— 6— 7— 8—
(2) 与(1)相反

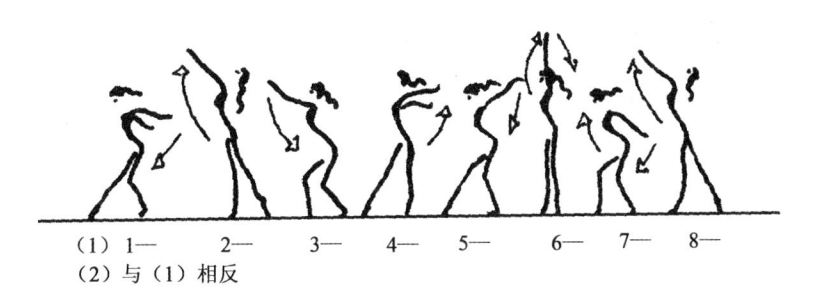

图 7-23

(1) 1— 2— 3— 4— 5— 6— 7—8—
(2) 与(1)相反

图 7-24

(1) 预备 1— 2— 3— 4— 5— 6— 7— 8—
(2) 与(1)相反

图 7-25

(7)第 7 节:水平前后摆臂身体波浪(4×8 拍)。

如图 7-26 所示。

(8)第 8 节:踢腿身体侧波浪(2×8 拍)。

如图 7-27 所示。

(9)第 9 节:波浪转体(2×8 拍)。

如图 7-28 所示。

(1) 1—　　　　2—　　　　　3—　　　　4—
　　5—　　　　6—　　　　　7—　　　　8—

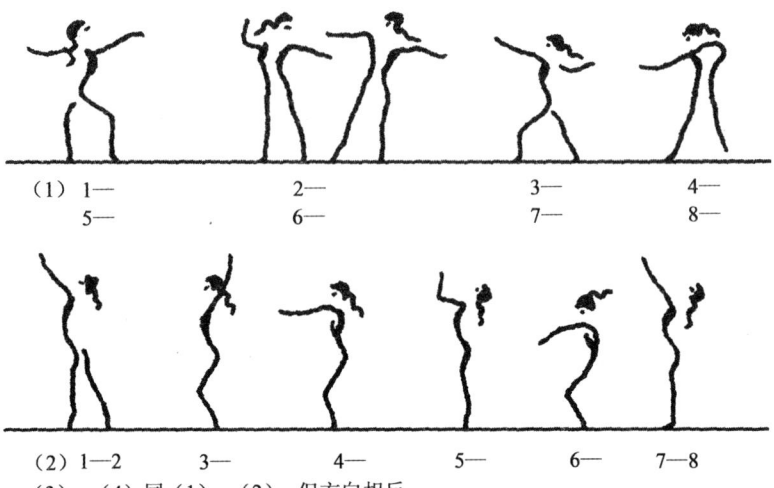

(2) 1—2　　3—　　4—　　5—　　6—　　7—8
(3)、(4)同(1)、(2)，但方向相反

图 7-26

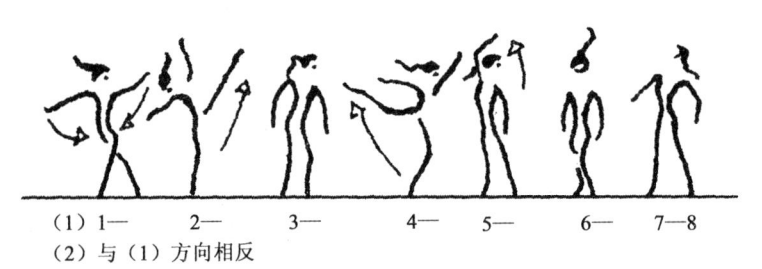

(1) 1—　　2—　　3—　　4—　　5—　　6—　　7—8
(2) 与(1)方向相反

图 7-27

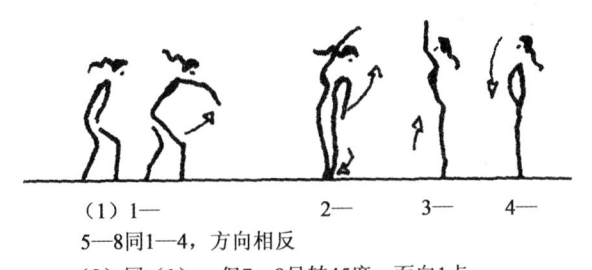

(1) 1—　　　　2—　　　3—　　　4—
5—8同1—4，方向相反
(2) 同(1)，但7—8只转45度，面向1点

图 7-28

(10) 第10节：含胸展胸手臂前侧波浪(2×8拍)。

如图 7-29 所示。

(11) 第11节：体前屈手臂波浪(2×8拍)。

如图 7-30 所示。

202

第七章 艺术体操学练指导

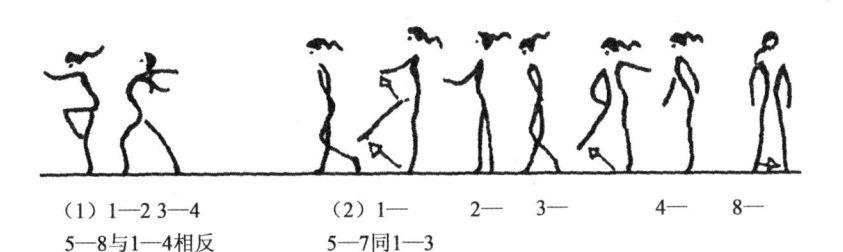

(1) 1—2 3—4　　(2) 1—　2—　3—　4—　8—
5—8与1—4相反　　5—7同1—3

图 7-29

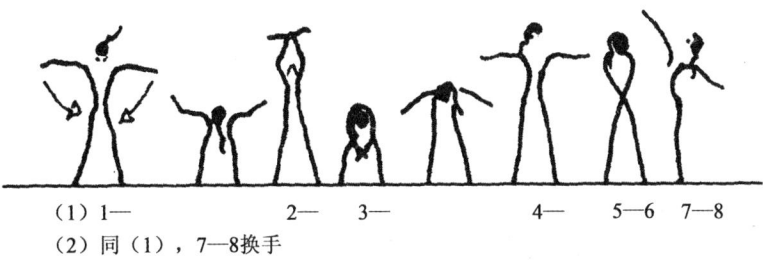

(1) 1—　　　　2—　3—　　　　4—　5—6　7—8
(2) 同(1),7—8换手

图 7-30

(12)第 12 节:碎步转体(2×8 拍+4 拍)。
如图 7-31 所示。

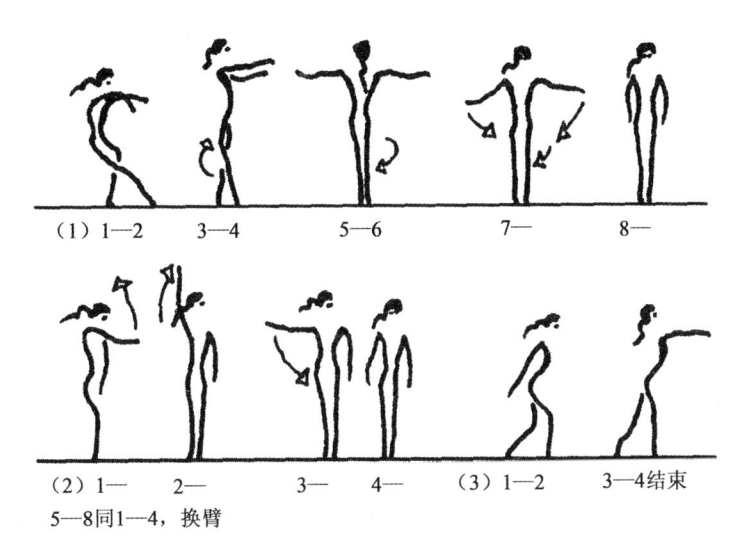

(1) 1—2　3—4　　5—6　　7—　　8—

(2) 1—　2—　　3—　4—　(3) 1—2　3—4结束
5—8同1—4,换臂

图 7-31

203

第三节　轻器械艺术体操学练

手持轻器械是艺术体操练习和比赛的重要特点之一。所使用的轻器械内容丰富,其中绳、圈、球、棒、彩带为正规比赛的器械。从实效出发,本书主要介绍纱巾和球两种器械。

一、纱巾操

纱巾质地柔软,给人以飘逸轻柔之感,又能变化出丰富多彩的动作,编成成套动作进行练习和表演,对学校开展一般性艺术体操较为有效。

(1)纱巾的规格。纱巾长度为150～200厘米,宽度为85～120厘米。通常用纱、尼龙或绸制成。

(2)纱巾的握法。用食指、中指和大拇指、无名指相对握住纱巾边沿。既可以用双手握纱巾的宽边或窄边,也可以用单手握纱巾的一角或边沿。

摆动、绕环和抛接的基本动作如下所述。

(一)摆动

以肩为轴,用摆臂和抖腕力量将纱巾摆起,使纱巾充分飘展。做动作时应伸展、松弛而有弹性。

(1)单手握纱巾前、后摆动:以肩为轴直臂前、后摆动,向前上方摆动纱巾时,重心前移,向后摆动纱巾时重心后移。

(2)双手握纱巾左、右摆动:以肩为轴在额前面直臂左、右摆动,向左摆时两腿弹动一次,向右摆时两腿再弹动一次,眼看纱巾。

(3)双手握纱巾上、下摆动:
两腿半蹲,然后蹬地提踵站立,两臂体前直臂上摆至上举,眼看纱巾。两腿半蹲,同时两臂经前摆至下举,稍含胸低头。

(4)双手握纱巾水平摆动:以肩为轴直臂放松地向左、右水平摆动,速度均匀。

（二）绕环

纱巾的绕环是单手或双手握纱巾，以肩、肘为轴，在各个运动面内向各个方向做360度和360度以上的圆周运动。由于纱巾轻柔，在绕环中必须加大动作幅度并借助挑腕的力量使纱巾飘起，从而达到巾随身舞。

双手握纱巾向左或向右水平大绕环：两臂经前向左水平绕至左侧，右臂在上，左臂在下，继续水平绕至两臂上举，再继续向右绕至左臂在上，右臂在下，然后两臂经体前还原。

双手握纱巾向左或向右水平绕"8"字：两手握纱巾向左水平大绕环至腹前，在腹前面沿逆时针方向做一水平中绕环。做水平中绕环时屈臂，以肘为轴，两臂交错穿行。向右水平绕"8"字与上述做法相反。

（三）抛接

纱巾的抛接是单手或双手握纱巾借助向上摆动的力量，顺纱巾扬起的方向将纱巾抛向空中，再用单手或双手接握住纱巾的动作。

(1)双手握纱巾原地抛接。
(2)两人对抛交换接。

二、带操

（一）带的持法

带的持法有单手握和双手握。
(1)单手握是将棍端抵于掌心，食指伸直贴于棍上，其余四指握住棍端。
(2)双手握是一手握带棍，一手握带尾。

（二）摆动

摆动的动作方法是右手持带棍，手臂自然伸直，以肩为轴，通过弧形摆臂带动带子摆动。

要点：

(1)摆动时肩要放松。

(2)将带子摆起是靠手臂用力摆动。

(3)当接近摆动的最高点或最远端时,手腕要稍用力将带尾挑起。

(三)绕环

绕环的动作方法是右手持带棍,以肩为轴,手臂自然伸直,沿顺时针或逆时针方向做圆周运动,带子成环状。

要点：

(1)臂要伸直。

(2)绕环过垂直部位后,棍与臂成直线。

(四)蛇形

蛇形的动作方法是以手腕为轴,手连续、快速、均匀地做上下或左右小摆动,使带形成一串大小、距离相等的波浪图形。蛇形有横蛇形和竖蛇形两种基本的形状。

要点：

(1)肘、腕要放松。

(2)以手腕为轴连续、快速、均匀地做小摆动。

(五)螺形

螺形的动作方法是以手腕为轴,手沿顺时针或逆时针方向快速、均匀地做小绕环,带成一串大小相等的环状图形。

要点：

(1)手臂要自然伸直,肘、腕放松。

(2)以腕为轴,手快速、均匀地做环状运动。

第八章 体操拓展项目学练指导

蹦床、大众体操是体操运动的重要内容,有着较高的审美价值和健身价值。本章对蹦床、大众广播体操、大众健身韵律体操项目进行介绍。

第一节 蹦床学练

蹦床(Trampoline)是一项运动员从蹦床反弹中表现杂技技巧的竞技运动,属于体操运动,有"空中芭蕾"之称。在2000年第27届悉尼奥运会上,蹦床被列为正式比赛项目。

蹦床运动主要训练弹跳能力,人体在空间的判断能力、控制能力、表现能力和协调性、灵活性。蹦床项目主要有以下特点。

(1)腾空高。由于蹦床器械的结构特点,运动员在练习时所获得的腾起高度平均在5米左右,最高可达8米,大大超过了竞技体操和技巧中空翻的高度。

(2)动作准。蹦床只具有一定的有效翻腾面积,而且要连续完成10个高难度动作,动作和方法都有相当准确的要求。

(3)难度大。运动员在蹦床练习和比赛时,起弹初速大,腾起高,滞空时间长,所以能够完成许多高难度的动作。如1080度三周旋,四周转体180度、144度旋、1080度肢体旋。

(4)姿态美。蹦床练习非常讲究动作的质量和规格。从手指到脚趾,对四肢和躯干运动时的动作路线、位置、时间及动作节奏等,都有严格的要求,使其达到完美的程度。

蹦床练习可以锻炼和提高空翻的起跳、翻转、转体、落地的感觉和控制能力,是体操训练中一项非常重要的具有实际意义的辅助练习手段。

一、直体前空翻转体 360 度

技术环节:
(1)定位:起跳方向与高度的定位。
(2)时间:转体时间的确定。
(3)发力:转体的发力。
训练方法:
(1)起跳方向与高度。

练习一:利用高凳、小弹网向海绵坑内做起跳、后摆,直体前空翻先躺后站的练习,由保护过渡至独立进行。

练习二:在弹网上反复进行直体前空翻练习。

(2)转体时间。

在弹网上,当起跳、后摆进入空翻后进行两臂迅速压向大腿的练习。碰到大腿的时间,即为转体的时间。

(3)转体发力。

练习一:当起跳、后摆进入空翻后,两臂迅速压靠向左大腿外侧,头偏向左肩。

此练习的转体原理是:重力倾斜,平衡被打破,身体向一侧翻转,形成对身体两边肌肉的牵拉,从而产生条件反射,形成感觉,感觉由小到大,由被动变为主动,直至形成主动发力。

练习二:逐渐加大转体的发力,完成转体 90 度、180 度、270 度、360 度。

(4)弹网上进行完整练习。

注意事项:

(1)手的动作一般转体 360 度,用完全直臂带动都可以完成,但 720 度以上手的动作一般放至胸前。

(2)转体时间随着转体度数的增加,熟练性的提高,转体时间会有所提前。

第八章 体操拓展项目学练指导

二、直体后空翻转体360度

技术环节：
(1)定位:起跳方向与高度的定位。
(2)时间:转体时间的确定。
(3)发力:转体的发力。
训练方法：
(1)起跳方向与高度的定位:同直体前空翻一样,利用高凳和小弹网,向海绵坑内做直体后空翻练习,由保护过渡到独立进行练习。
(2)转体时间。
在弹网上,当起跳进入空翻后,进行两臂迅速回压至大腿练习。
碰到大腿的时间,就是转体的时间。
(3)转体发力。
当起跳领臂进入空翻后,两臂迅速压向左大腿外侧,头偏向左肩。
转体原理与直体前空翻转体360度相同。
(4)弹网上进行完整练习

三、团身前空翻转体180度

技术环节：
(1)转体:团身前空翻一周后转体180度。
(2)后空翻:团身前空翻转体180度团身后空翻。
训练方法：
(1)掌握前旋转体时间的定位。
练习一:利用弹网反复做背弹立向前转体180度成背躺地练习。
"背弹立"意指弹网练习中,练习者跳起后身体后倒背触网弹起站立。
练习二:利用高凳和小弹网或弹网向海绵坑内做团身前空翻两周的练习。
要求前空翻第一周后,做小腿向臀部倒勾,头、肩、胸跟靠膝的加速翻转练习,练习中倒勾小腿的动作就是转体时间的提示。

(2)握团身前空翻一周后转体180度。

场地器械同前,做前空翻两周练习。当第一周空翻完成后,开始向第两周空翻翻转时,右手向左脚位下扣,收紧身体,完成转体180度成躺。

(3)弹网上进行独立完整练习。

在海绵坑内熟练掌握后,在弹网空翻落点处放置一块厚海绵块进行完整练习。

四、团身后空翻转体360度

技术环节:
(1)扣转:团身后空翻一周后扣转180度前空翻。
(2)转体:团身后空翻一周后转体360度团身后空翻。
训练方法:
(1)掌握转体时间。
练习一:利用弹网,跳起做臀背弹,弹起向后空翻一周躺网。
臀背弹意指弹网练习中,练习者跳起后,臀背依次触网。
练习二:臀背弹进行团身后空翻一周后转体180度前滚翻练习。
(2)掌握团身后空翻一周后转体180度前空翻。
利用高凳、小弹网或弹网向海绵坑内进行团身后空翻一周后转体180度前空翻练习。
(3)逐渐过渡至完整的后旋练习待转体180度。
熟练掌握后,加大空翻和扣转力度,完成第两周空翻和转体360度的结合。
(4)弹网上进行独立完整练习。
注意事项:
(1)转体:当第一周空翻结束向第两周空翻过渡时,兜膝翻臀,右手向左太阳穴方向扣,左肘向后撞,转体180度向前扣翻。
(2)带转:向前扣翻的同时,顺势带转余下180度。

第八章 体操拓展项目学练指导

第二节 大众体操学练

健美操属于体操运动体系,是一项以健身、健心和健美为目标,融运动、音乐、舞蹈为一体,以协调多变的身体动作伴随音乐的节奏和韵律进行的体育项目。

一、第九套广播体操

预备节:原地踏步(2×8拍)。

预备姿势:两脚立正,手臂垂直于体侧,抬头挺胸,眼看前方。

口令至原地踏步时,半握拳。

第1拍:左腿抬起,膝盖向前,脚尖离地10～15厘米,同时,左臂前摆至身体中线,右臂后摆。

第2拍:与第1拍动作相同,方向相反。

第3、4拍,5、6拍,7、8拍与第1、2拍相同。

第二个八拍:与第一个八拍相同。

第一节:伸展运动(4×8拍)

第1拍:左脚向侧一步,与肩同宽,同时,两臂侧平举,头向左转90度。

第2拍:右脚并于左脚,同时半蹲,双臂曲臂于胸前,含胸低头。

第3拍:手臂伸出到侧上举,同时抬头挺胸,眼看前上方。

第4拍:手臂落下,还原成立正姿势。

第5～8拍:与前四拍动作相同,方向相反。

第二至第四个八拍:动作同第一个八拍。

第二节:扩胸运动(4×8拍)

第1拍:左脚向前一步,同时,手臂经前平举扩胸至侧平举,握拳,拳心向前。

第2拍,身体向右转90度,手臂经体前交叉,曲臂向后扩胸。第3

拍,身体向左转 90 度,同时,手臂经体前交叉,向后扩胸。第 4 拍,左脚收回成立正姿势,同时手臂经前举,还原至体侧。

第 5~8 拍:与前 4 拍动作相同,方向相反。

第二至第四个八拍:动作与第一个八拍相同。

第三节:踢腿运动(4×8 拍)

第 1 拍:左腿向侧摆起 45 度,同时,两臂侧平举,掌心向下。

第 2 拍:双腿并拢,屈膝半蹲,同时两臂还原至体侧。

第 3 拍:左腿向后踢起,离地 10~20 厘米,同时,两臂经前摆至侧上举,掌心相对。

第 4 拍:收手收脚,还原成立正姿势。

第 5~8 拍:与前 4 拍动作相同,方向相反。

第二至第四个八拍:动作与第一个八拍相同。

第四节:体侧运动

第 1 拍:左脚向侧一步比肩稍宽,同时,左臂侧平举,掌心向下,右臂胸前平屈,掌心向下。

第 2 拍:下肢保持第 1 拍的姿势,同时上体侧倾 45 度,左手叉腰,右手摆至上举,掌心向内。

第 3 拍:左腿并与右腿,同时半蹲,左臂上举,右臂贴于体侧。

第 4 拍:还原至立正姿势,同时,左臂经侧还原至体侧。

第 5~8 拍:与前 4 拍动作相同,方向相反。第二至第四个八拍:动作与第一个八拍相同。

第五节:体转运动

第 1 拍:左腿向侧迈出,比肩稍宽,同时,两臂侧平举,掌心向下。

第 2 拍:下肢保持第 1 拍姿势,身体向左转 90 度,同时,双手胸前击掌两次。

第 3 拍:上体向右转 180 度,同时,双臂伸直至侧上举,掌心向内。

第 4 拍:收回左脚还原成立正姿势,同时,身体转正,两臂经侧还原至体侧。

第 5~8 拍:与前 4 拍动作相同,方向相反。

第二至第四个八拍:动作与第一个八拍相同。

第六节:全身运动(4×8 拍)

第 1 拍:左脚向左迈出,比肩稍宽,两臂经侧摆至上举交叉,掌心向前,抬头看手。

第八章 体操拓展项目学练指导

第 2 拍:身体前屈,双臂体前交叉,掌心向内,低头看手。

第 3 拍:收左脚,成半蹲姿势,同时双手扶膝,肘关节向外,低头,眼看前下方。

第 4 拍:站起,成立正姿势。

第 5 至 8 拍:与前 4 拍动作相同,方向相反。

第二至第四个八拍:动作与第一个八拍相同。

第七节:跳跃运动(4×8 拍)

第 1 拍:跳成左脚在前的弓步,同时双手叉腰,肘关节向外,虎口向上。

第 2 拍:跳成立正姿势,双手保持叉腰不变。

第 3 拍:跳成右脚在前的弓步,双手保持叉腰不变。

第 4 拍:跳成立正姿势。

第 5 拍:跳成两脚开立,脚尖微微向外,膝盖向脚尖方向缓冲,同时,两臂侧平举,掌心向下。

第 6 拍:跳成立正姿势。

第 7、8 拍:动作同 5、6 拍。

第二至第四个八拍:动作同第一个八拍相同。

第八节:整理运动(4×8 拍)

第 1 至 4 拍:原地踏步四拍,第 4 拍还原至立正姿势。

第 5、6 拍:左脚向侧迈出,比肩稍宽,手臂经侧摆起至侧上举,抬头 45 度眼看前上方。

第 7、8 拍:左脚收回,同时,两臂经体侧还原成立正姿势。

第二至四个八拍与第一个八拍的动作相同,但方向相反。

二、大众健身韵律体操

韵律体操是融体操、舞蹈和音乐等多方面的结合体,它是以人体自然动作为基础,结合经过提炼的舞步,以节奏、韵律为特征的体育项目。其练习内容丰富多彩,有各种跳步、转体、波浪、平衡等动作。可徒手做,也可持轻器械进行练习。动作的节奏有快速的,也有缓慢的,是一种全身运动。因此,韵律体操不仅对人体诸器官和系统有良好的影响,能增强体质,改进健康状况,同时,通过韵律体操的艺术性训练,还能培养健美的体型,使人体朝着健美方向发展。

(一)徒手韵律操(女生)

准备动作:共一个八拍。
预备动作,手一位→手二位→手七位→落下。

1. 第一节:4×8

第一个八拍:做向前的手臂摆动,眼看前方。
第二个八拍:手臂侧摆,手臂摆至45度90度时眼看左方,手臂摆至180度时眼看上方。
第三个八拍:
1—4:侧弓步单臂90度摆动。
5—8:向左小碎步横移,左臂经右侧绕环至左下方。
第四个八拍:做与第三个八拍相反的动作。

2. 第二节:8×8

第一个八拍:双膝每二拍弹动一次,同时左、右臂起交替做单臂波浪。
第二个八拍:双脚左、右移重心,双臂同第一个八拍。
第三个八拍:面对8点,出左脚。双臂前摆→后摆→后绕环→前摆双脚前后移重心。
第四个八拍:做与第三个八拍相反的动作。
第五个八拍—第六个八拍:面对2点,出右脚做第三个八拍至第四个八拍的动作。
第七个八拍:双膝二拍弹动一次,双臂做前后交叉绕环。
第八个八拍:做与第七个八拍相反的动作。

3. 第三节:20×8,3/4拍音乐

面对1点,左脚起步向前做4个"华尔兹步"。同时右臂开始交替做4个向内单臂绕环动作。
面对1点,做4个向后撤"华尔兹步"。同时右臂开始交替做前手动作。

左脚起步,做 4 个侧"华尔兹步",节拍为:左右左→右左右→左右左→右左右。

面对 8 点,做前、后交叉"华尔兹步"。

左脚起步一个转体 360 度接一个向前交叉"华尔兹步"。

最后四个三拍:面对 2 点做与面对 8 点相反的动作。

(4)第四节:4×8

第一个八拍:左脚起步向前做两个"交叉步跳",然后接一个左右左立足转体 360 度。

第二个八拍:做与第一个八拍相反的动作。

第三个八拍:左脚起步向旁波尔卡步→右脚起步向旁波尔卡步→向左转体 360 度的立足转,手臂五位。

第四个八拍:做与第三个八拍相反的动作。

(5)第五节:4×8

第一个八拍:放松练习,左、右臂依次外绕环→面对 2 点含胸→收回。

第二个八拍:做与第一个八拍相反的动作。

(二)沙袋操

1. 第一节:上肢运动 4×8

预备姿势:立正,两手持沙袋体前下垂。

第一个八拍:

(1)左脚侧出一步,两臂前平举(两手持沙袋)。

(2)两臂上举体后屈(两手持沙袋)。

(3)动作同(1)。

(4)还原成预备姿势。

(5)左脚侧出一步,两臂经上举至头后屈肘(两手持沙袋)。

(6)动作同(2)。

(7)动作同(5)。

(8)还原成预备姿势。

第二个八拍：

(1)—(8)动作同第一个八拍,方向相反。

第三个八拍：

(1)—(2)左脚侧出一步,左手持沙袋向前绕环一周至体前,将沙袋交给右手。

(3)—(4)右手持沙袋向前绕环一周至体前,两手持沙袋。

(5)—(6)两手持沙袋向左绕环一周。

(7)—(8)动作同(5)—(6),方向相反。最后一拍左脚收回。

第四个八拍:动作同第三个八拍,方向相反。

2. 第二节:下蹲运动 2×8

预备姿势:立正,两手持沙袋于体前下落。

第一个八拍：

(1)全蹲,两臂前举(两手持沙袋)。

(2)还原成预备姿势。

(3)全蹲,两臂上举(两手持沙袋)。

(4)还原成预备姿势。

(5)全蹲,两臂前斜下举(两手持沙袋)。

(6)两腿伸直,两手用力向上抛沙袋。

(7)两手头上接沙袋。

(8)还原成预备姿势。

第二个八拍：

(1)左腿向前上方踢起,同时左手持沙袋在左腿下交递右手。

(2)还原成预备姿势。

(3)动作同(1),换踢右腿。

(4)还原成预备姿势。

(5)左腿向前上方踢起,同时左手持沙袋于左腿外向内侧上方抛沙袋。

(6)左脚落地,两手接沙袋。

(7)右腿向前上方踢起,同时右手持沙袋于右外向内侧上方抛沙袋。

(8)右脚落地,两手接沙袋。

3. 第三节:体屈、转体运动 2×8

预备姿势:立正,两手持沙袋体前下垂。

第一个八拍：

(1)两臂胸前屈(两手持沙袋)。

(2)左脚侧出一步,两臂伸直上举,同时上体左侧屈。

(3)还原成(1)的姿势。

(4)还原成预备姿势。

(5)左脚侧出一步,同时两臂前平举(两手持沙袋)。

(6)上体向左后转,同时两臂经下摆至左斜上举(两手持沙袋)。

(7)还原成(5)的姿势。

(8)还原成预备姿势。

第二个八拍：

(1)—(8)拍动作同第一个八拍,方向相反。

4. 第四节:腹背运动 2×8

预备姿势:立正,两手持沙袋体前下垂。

第一个八拍：

(1)左脚侧出一步,两臂上举(两手持沙袋),体后屈。

(2)体前屈,两手持沙袋触地。

(3)上体再弹性前一次,同时两手持沙袋于两腿间尽力后伸。

(4)还原成预备姿势。

(5)动作同(1)。

(6)上体左前屈,同时左手在左腿后将沙袋递交右手。

(7)上体右前屈,同时右手在右腿后将沙袋递交左手。

(8)还原成预备姿势。

第二个八拍动作同第一个八拍。

5. 第五节:全身运动 2×8

预备姿势:立正,两手持沙袋体前下垂。

第一个八拍：

(1)左脚向前一步成弓步,两臂上举(两手持沙袋),体后屈。

(2)体前屈,同时左手持沙袋于左腿下递交右手。

(3)动作同(1)。

(4)还原成预备姿势。

(5)—(8)动作同(1)—(4),但换腿做。

第二个八拍:

(1)动作同第一个八拍的(1)。

(2)后弓步,同时上体前屈,两手持沙袋触左脚。

(3)还原成(1)的动作。

(4)还原成预备姿势。

(5)—(8)动作同(1)—(4),但换腿做。

6. 第六节:跳跃运动 2×8

预备姿势:立正,两手持沙袋自然垂于体侧。

第一个八拍:

(1)跳起成两脚左右开立,同时两臂前举(两手持沙袋)。

(2)跳还原成预备姿势。

(3)跳起成两脚左右开立,同时两臂上举(两手持沙袋)。

(4)跳还原成预备姿势。

(5)跳起成左脚在前弓步,同时两臂上举(两手持沙袋),抬头、挺胸。

(6)跳还原成预备姿势。

(7)动作同(5),换出右脚。

(8)跳还原成预备姿势。

第二个八拍动作同第一个八拍。

参考文献

[1]刘欣.竞技体操科学化训练研究[M].长春:吉林大学出版社,2020.

[2]康金峰.中国体操改革发展研究[M].西安:世界图书出版西安有限公司,2018.

[3]李翠玲,李吉.现代竞技体操创新理论与科学化训练探索[M].北京:中国水利水电出版社,2014.

[4]刘晓树.力量与美的结合——体操[M].北京:二十一世纪出版社,2015.

[5]蔺新茂.体操规定动作教学与训练[M].郑州:河南大学出版社,2011.

[6]刘二侠.竞技体操高级成套动作教学与实践研究[M].北京:北京工业大学出版社,2019.

[7]韩宏飞.现代体操教学理论与方法[M].北京:北京体育大学出版社,2001.

[8]郭岩,余锋,左昌斌.实用体能训练指南[M].北京:中国书籍出版社,2018.

[9]曲晓平.体操教学与研究[M].长春:吉林出版集团股份有限公司,2018.

[10]刘桂萍.体操 艺术体操 蹦床[M].合肥:合肥工业大学出版社,2016.

[11]郭颂.体操[M].北京:北京师范大学出版社,2008.

[12]刘玉金.竞技体操教学与训练设计原理[M].西安:西北大学出版社,2001.

[13]柳克奇.体操教学与训练方法论[M].长沙:湖南大学出版社,2004.

[14]吕万刚.竞技体操训练的科学化探索——竞技体操创新理论的研究[M].北京:北京体育大学出版社,2003.

[15]吕万刚等.体操[M].北京:北京体育大学出版社,2007.

[16]马桂霞.形体训练[M].北京:高等教育出版社,2016.

[17]全国体育院校教材委员会.体操[M].北京:人民体育出版社,2014.

[18]孙亦光,潘龙根.竞技体操基本动作的力学原理与教法[M].北京:人民体育出版社,2000.

[19]童昭岗,雷咏时.体操[M].4版.桂林:广西师范大学出版社,2006.

[20]章昭岗.体操[M].2版.北京:高等教育出版社,2010.

[21]王柏华.基本体操[M].杭州:浙江大学出版社,2004.

[22]王海燕,健美体操训练与编排研究[M].延吉:延边大学出版社,2018.

[23]王文生,王美,鹿志海.时尚体操理论与实践[M].北京:北京体育大学出版社,2014.

[24]王文生.体操游戏[M].北京:北京师范大学出版社,2014.

[25]王向宏.体能训练理论与方法[M].北京:北京航空航天大学出版社,2010.

[26]张惠萍.体操、艺术体操、蹦床[M].合肥:合肥工业大学出版社,2016.

[27]张涵劲.体操[M].3版.北京:高等教育出版社,2015.

[28]杨红,刘智丽,李德华.实用体操[M].成都:人民体育出版社,2012.

[29]韦广忠.基本体操理论教学与实践[M].武汉:武汉大学出版社,2006.

[30]希腊ARTOON出版社.竞技体操·艺术体操·蹦床[M].北京:人民体育出版社,2004.

[31]姚侠文.现代跳马技术与教学训练[M].北京:北京体育大学出版社,1993.

[32]俞继英,张健.竞技体操高级教程[M].北京:人民体育出版社,2000.

[33]吕刚强.体操术语与体操发展的研究[D].扬州大学,2010.

[34]郑吾珍等.竞技体操训练学[M].北京:北京体育大学出版社,1990.

[35]曾理,曾洪林,李治.高校体能训练理论与训练教学指南[M].北京:新华出版社,2018.

[36]张云贵.竞技体操动作的创新与训练[M].武汉:武汉出版社,1994.

[37]陈谭星.艺术体操[M].长春:吉林文史出版社,2014.

[38]付栋.艺术体操的发展与技能训练探究[M].北京:中国书籍出版社,2018.

[39]徐中秋,赵媛媛,张继晶.大众艺术体操训练与竞赛[M].成都:电子科技大学出版社,2019.

[40]高扬,高原.艺术体操基础训练[M].北京:北京体育大学出版社,2016.

[41]国家体育总局青少年体育司,国家体育总局体操运动管理中心.中国青少年艺术体操训练教学大纲[M].北京:北京体育大学出版社,2016.

[42]邝丽.艺术体操编排理论与方法[M].北京:北京体育大学出版社,1995.

[43]全国体育院校教材委员会审定.大众艺术体操[M].北京:人民体育出版社,2000.

[44]沈芝萍,王瑞玉.艺术体操[M].北京:北京体育大学出版社,2004.

[45]罗琳.基于中西方体育文化差异视阈下的艺术体操训练新探[M].北京:中国纺织出版社,2018.

[46]《艺术体操运动教程》编写组.艺术体操运动教程[M].北京:北京体育大学出版社,2016.

[47]本书编写组.艺术体操入门与鉴赏[M].上海:上海世界图书出版公司,2016.

[48]王梅.艺术体操训练指南[M].西安:西安地图出版社,2013.

[49]杨桦.艺术体操运动教程[M].北京:北京体育大学出版社,2014.

[50]张岩.艺术体操卷[M].长春:吉林出版集团有限责任公司,2015.

[51]赵锦锦,张薇.艺术体操[M].长春:吉林出版集团有限责任公司,2008.

[52]朱振楠,张晓萍.大众艺术体操[M].大连:大连理工大学出版社,2018.